중화권 유학생의 한국문화 적응기

[저자]

신 주 철
전 포항공과대학교, 현 한국외국어대학교 한국어교육과 교수

유 혜 선
한국외국어대학교 박사과정 수료, 현 국민대학교 한국어 강사

최 세 훈
런던대학교(UCL) 졸업, 연세대학교 박사과정 수료, 현 國立臺灣師範大學 강사

이 오 암
中国政法大学 졸업, 한국외국어대학교 박사과정 수료, 현 배화여자대학교 한국어 강사

邵 薇
大连外国语大学 졸업, 한국학중앙연구원 박사과정 수료

[감수]
尹 敬 愛
大连民族大学 한국어과 부교수

중화권 유학생의 한국문화 적응기
华语圈留学生的韩国文化适应记

초판 1쇄 인쇄   2016년 8월 25일
초판 1쇄 발행   2016년 8월 30일

지 은 이   신주철 · 유혜선 · 최세훈 · 이오암 · 邵薇
감   수   尹敬愛
펴 낸 이   박찬익
편 집 장   권이준
책임편집   강지영

펴 낸 곳   (주)박이정
주   소   서울시 동대문구 천호대로 16가길 4
전   화   (02)922-1192~3
팩   스   (02)928-4683
홈페이지   www.pjbook.com
이 메 일   pijbook@naver.com
등   록   2014년 8월 22일 제305-2014-000028호

I S B N   979-11-5848-133-9 (13710)

＊책값은 뒤표지에 있습니다.

신주철, 유혜선, 최세훈, 이오암, 邵薇 지음
尹敬愛 감수

중화권 유학생의

한국문화 적응기

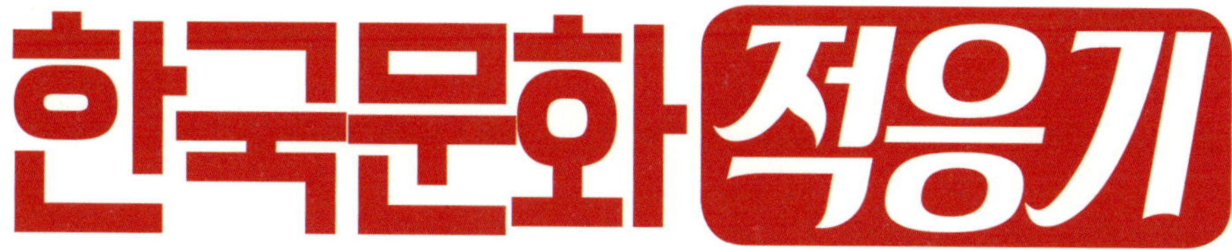

华语圈留学生的韩国文化适应记

(주)박이정

머리말

　한국의 대학이나 대학원에서 공부하는 중화권 유학생들이 나날이 증가하고 있다. 이 학생들이 한국의 대학문화에 쉽게 적응하는 데 도움을 줄 수 있는 실용적인 문화책이 필요하다고 생각해 이 책을 집필하게 되었다. 이제 막 한국에 유학을 왔거나 유학을 고려하고 있는 중화권 학습자들에게 꼭 필요한 내용을 엄선하여 소개하였다. 이 책은 다음과 같은 특징을 가지고 있다.

　한국어능력시험 3급 이상의 학습자라면 교사의 도움이 없이도 누구나 자율학습이 가능하도록 어휘와 문형을 통제하였다. 또한 각 단원에 필수적인 어휘나 표현은 중국어 번역을 제공함으로써 학습이 용이하도록 배려했다. 그리고 본문에서는 가상의 중국인 유학생과 한국인 학생 간의 자연스러운 대화를 통해 구어 표현을 익힐 수 있게 하였다. 특히 한국과 중국 사이에 유사한 문화적 현상이 있는 경우 이를 적극적으로 대조함으로써 문화의 이해도를 넓힐 수 있도록 하였다.

　이 책을 읽는 유학생들은 다음과 같은 효과를 얻을 수 있을 것이다. 한국의 대학문화를 미리 읽어보면서 한국의 대학교 생활에 필요한 기본적인 정보를 습득하고 학업을 더 잘 수행하는 데 필요한 준비를 할 수 있을 것이다. 한국인 선후배들과의 인간관계를 어떻게 유지할 것인지에 대한 유용한 정보를 얻을 수 있을 것이다. 학교생활 외에도 유학생활에 꼭 필요한 주거생활에 관한 정보, 응급상황이 발생했을 때 어떻게 도움을 받아야 하는지 등을 알 수 있을 것이다. 나아가 한국의 생활에서 경험할 수 있는 문화적 충격을 줄이고 불필요한 오해를 겪지 않으면서 즐거운 유학생활을 할 수 있을 것이다.

　이 책의 집필자들은 중화권 한국어 학습자를 위한 특화된 문화책이 필요하다는 사명감을 가지고 여러 차례의 토의를 거치면서 책을 완성하게 되었다. 한국 유학을 앞두고 미리 가상적인 경험을 하고 싶은 유학 준비생, 한국의 대학이나 대학원에 진학하기 위해 어학당에서 공부하는 학생, 이제 막 유학생활을 시작한 중화권 학생들이 이 책을 통해 실제적인 도움을 받고 성공적인 한국 유학생활을 할 수 있기를 바란다.

2016년 7월

필자들을 대신하여, 신주철 씀

차례

일러두기

1. 이 책은 16과로 이루어져 있고, 각 학과는 〈제목〉, 〈학습목표〉, 〈대화 1〉, 〈대화 2〉, 〈읽기〉, 〈활동〉, 〈더 알아봅시다〉로 구성되어 있다.

2. 읽기는 중국 유학생의 경험담을 위주로 작성하여 학습자가 한국문화 적응력을 높일 수 있기를 의도하였다. 〈대화 1〉과 〈대화 2〉, 〈읽기〉 아래에 새 어휘와 표현을 제시하고 중국어를 함께 써서 학습자 스스로 자습이 가능하도록 하였다. 〈더 알아봅시다〉에서는 각 단원과 관련한 확장된 정보를 제공하여 학습자가 학과의 주제에 대해 심화학습을 할 수 있게 하였다.

3. 각 학과의 대화문에는 다음 5명의 인물이 등장한다.
   - 민호: 한국인 남학생, 중국문화에 많은 관심을 갖고 있는 졸업반 학생이다. 효려, 진위와 자주 어울리며, 그들의 고민을 상담해 주는 멘토 역할을 한다.
   - 효려: 중국인 여학생, 고급수준의 한국어 능력을 갖고 있지만 한국에 온 지 얼마 되지 않아 한국문화에 대한 지식은 부족한 편이다.
   - 진위: 중국인 남학생, 중급수준의 한국어 능력을 갖고 있어서 의사소통에는 문제가 없지만, 한국문화에 대한 이해가 낮아 간혹 주변사람들의 오해를 살 때도 있다.
   - 수지: 한국인 3학년 여학생.
   - 위신: 중국인 남학생, 언어교환을 목적으로 한국에 왔다.

4. 등장인물 사진은 임의로 설정하였기 때문에 각 학과에서 다를 수 있다.

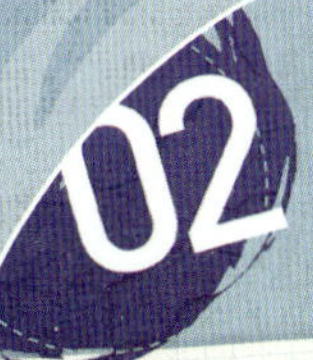

02 한국 음식을 먹으러 갈까요?

- 한국인의 기본 밥상과 한국인이 선호하는 음식에 대해 안다.
- 한국인의 매운 음식 성향에 대해 경험한다.

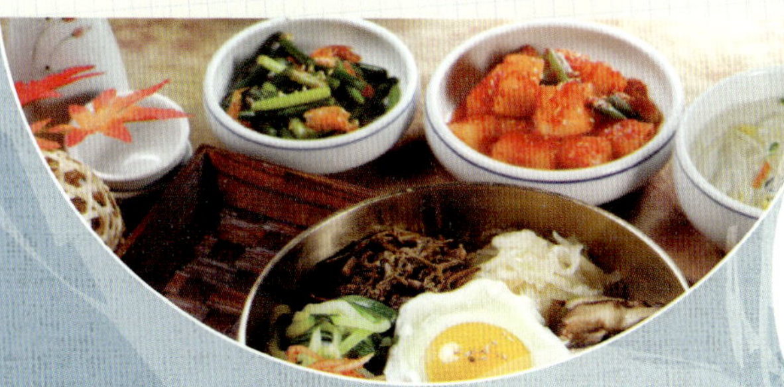

대화 1 수업을 마친 후

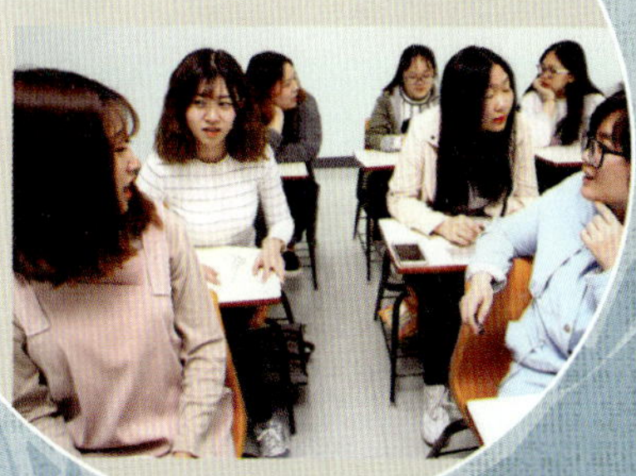

어플리케이션을 다운로드 해 봅시다.

1 통신사 고객센터

각 통신사의 고객센터 앱(APP)을 다운로드 받아 두면 핸드폰 사용량과 현재까지 사용한 요금을 실시간으로 검색할 수 있다. 또한 자신에게 맞는 요금제로 변경할 수도 있고 편의점, 극장, 제휴상점에서 할인 혜택을 받는 다양한 멤버십(membership) 혜택까지 누릴 수 있다.

예 KT 통신사: 올레 고객센터 앱
APP STORE에서 "올레 고객센터" 앱을 다운로드 해 보자!

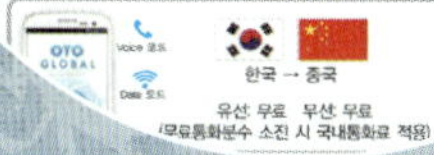

2 국제전화 어플

예 "OTO 글로벌"과 같은 앱을 받으면, 국제전화를 한국내 요금으로 계산된다.

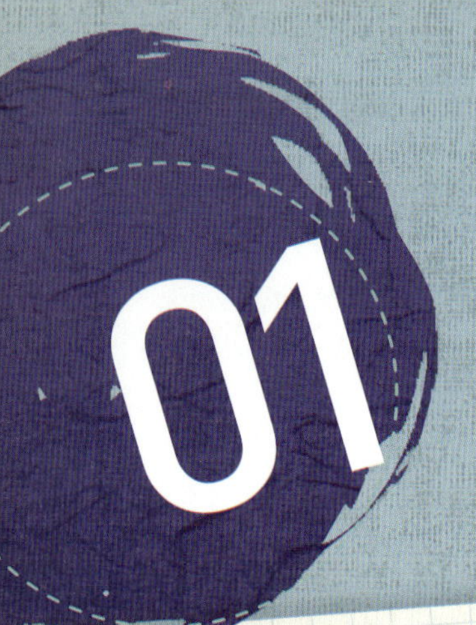

01 수강신청은 어떻게 해요?

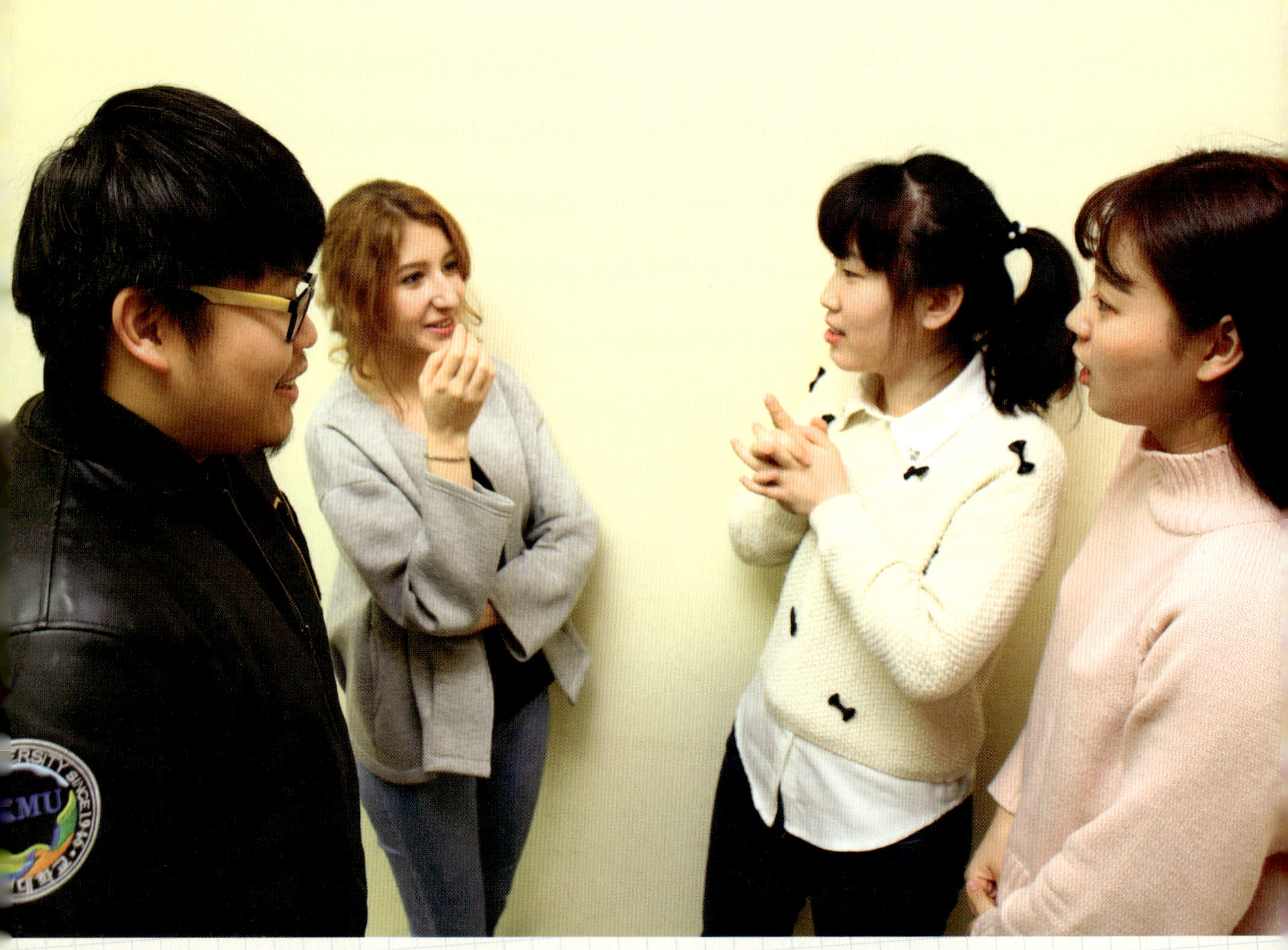

민호: 진위야, 오늘 오리엔테이션(orientation) 어땠어?

진위: 어려웠어요. 이해할 수 없는 내용이 너무 많아요.

효려: 민호 오빠, 진위는 아직 한국어가 많이 서툴러서 그래요.

민호: 진위야, 오늘 내용 중에 가장 중요한 건 수강신청이야. 수강신청을 제대로 못하면 한 학기 내내 고생할 거야.

진위: 제일 먼저 무엇을 해야 될지 모르겠어요.

효려: 그러니까 평소에 한국어를 열심히 공부하란 말이야!

민호: 차근차근 가르쳐주면 진위도 금방 배울 거야. 우리 이번 학기 수강 편람부터 살펴보기로 할까?

효려: 네? 수강 편람이요? 그건 저도 잘 모르는데…….

진위: 뭐야? 누나도 잘 모르면서!

민호: 자 자, 둘 다 진정하고, 그럼 쉬운 것부터 같이 시작해보자.

진위·효려: 네! 선배님.

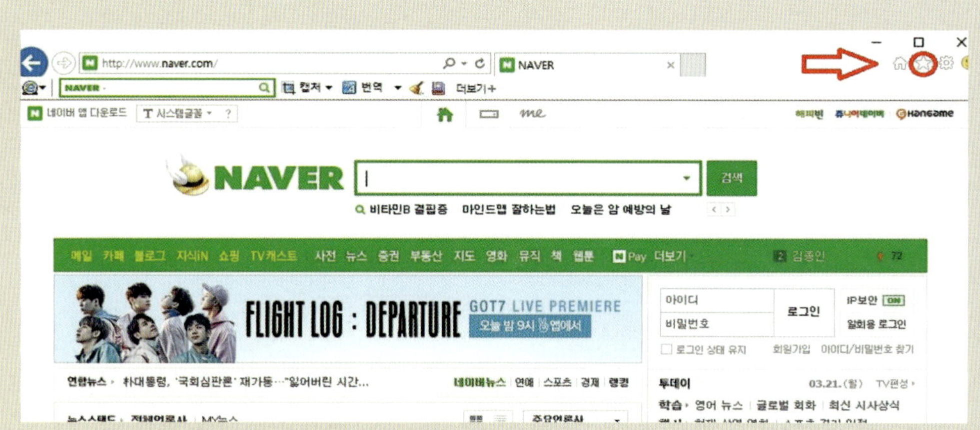

민호: 먼저 학교 홈페이지(homepage)에 접속을 잘하는 것이 중요해! 그러기 위해서는 학교 수강신청 홈페이지를 '즐겨찾기' 해놓아야지. 저기 위를 봐! 빨간 화살표 옆에 동그라미가 바로 즐겨찾기야. 저기에 학교 수강신청 홈페이지를 저장하고 클릭하면 나중에 한 번에 페이지 이동을 할 수 있어.

민호: 그런 다음에 수강신청 기간 전에 학과에 어떤 과목들이 개설되었는지 살펴보고 미리 수업계획표를 짜놓는 거지. 인기 좋은 과목은 수강하고 싶어 하는 사람도 많으니까 하나만 만들지 말고 두세 개의 대안을 만들어야 해.

진위: 수강 대기자가 그렇게 많은가요?

민호: 물론이지! 그리고 각 과목의 강의 개요를 미리 살펴보고 학과 홈페이지의 '자료실'도 살펴보는 것이 좋아. 자료실에는 선배들의 자료들과 학과에 제출할 서식, 각종 정보까지 다양한 것들이 있단다.

민호: 그리고 시간표를 작성할 때는 학점을 주의 깊게 살펴봐. 과목에 따라 1학점, 2학점, 3학점짜리까지 다양하게 있어. 또 교양과목과 필수과목도 반드시 구분해서 들어야 해.

진위: 일단 기숙사에 가서 차근차근 공부할래요. 민호 형! 저랑 같이 가요~

민호: 어……, 나 약속이 있는데…….

　　나는 효려라고 해. 한국에서 2년 동안 대학 생활을 했어. 유학 생활을 시작한 첫 학기 초에 여러 가지가 힘들었지만 가장 힘들었던 것은 수강신청이었어. 대학 생활에서 수강신청은 한 학기의 운명을 결정하는 것과 같아. 그래서 몇 가지 유용한 팁을 말해 주려고 해.

　　첫째, 한 학기에 몇 학점까지 들을 수 있는지 알아야 해. 과목에 따라 1학점, 2~3학점짜리가 있기 때문에 잘못 계산하면 나중에 학점이 모자라서 학교를 더 다녀야 할지도 몰라. 둘째, 듣고 싶은 과목과 꼭 들어야 하는 과목을 잘 구분해야 해. 자신이 듣고 싶은 과목만 들으면 필수로 들어야 하는 과목을 놓치거나 못 들을 수도 있어. 셋째, 선배들에게 조언을 구해서 인기 있는 과목이 어떤 과목인지 알아야 해. 인기가 많은 과목은 빨리 신청하지 않으면 자리가 금방 사라질지도 모르니 최우선으로 신청해야겠지? 마지막으로 수강신청은 학교 컴퓨터실 또는 학교 안에서 하는 것이 좋아. 교내 인터넷은 학교 홈페이지에 우선으로 접속되기 때문이지. 잘 이해했어? 그럼 수강신청 잘하고 즐겁게 공부하길 바라!

새 어휘와 표현

- 운명을 결정하다: 决定命运
- 유용하다: 【形】有用
- 팁(tip): 小窍门
- 모자라다: 【动】不足, 不够
- 최우선: 首要, 最先
- 인터넷에 접속되다: 连接网络

1 학교 홈페이지를 즐겨찾기 해 봅시다.

2 듣고 싶은 과목과 듣고 싶지 않은 과목이 있습니까? 있다면 왜 그런지 이야기 해 봅시다.

3 모의 수업계획표를 작성해 봅시다.

	월	화	수	목	금
1					
2					
3					
4					
5					

교양과목 선택하기

교양과목은 전공 이외의 과목을 말한다. 예를 들면 〈현대사회와 스포츠〉, 〈한국문화의 이해〉, 〈독서와 토론〉 등과 같은 과목들이 다양한 분야에 걸쳐 개설되어 있다. 전공만큼 깊게 배우지는 않지만, 평소 관심 있는 분야의 지식을 넓히거나 사회생활을 하는 데 도움이 되고 전공에 상관없이 신청할 수 있다. 교양과목은 학년별로 수강 신청하는 날짜에 전공을 신청하고 남는 학점에 한해서 1개 혹은 2개, 욕심을 내면 3개까지 수강 신청하여 들을 수 있다. 학교에 따라 홈페이지에 동영상으로 수강신청 방법을 보여 주는 곳도 있으니 찾아보는 것도 좋은 방법이다. 그리고 이왕이면 선배들에게 물어서 나에게 맞는 교양과목을 알아 두는 것이 좋다. 물론 같은 과목이라도 교수님에 따라 매우 다른 과목이 되어버리기도 하니까 교수님이 어떻게 수업을 하는지 함께 알아 두는 것이 좋다.

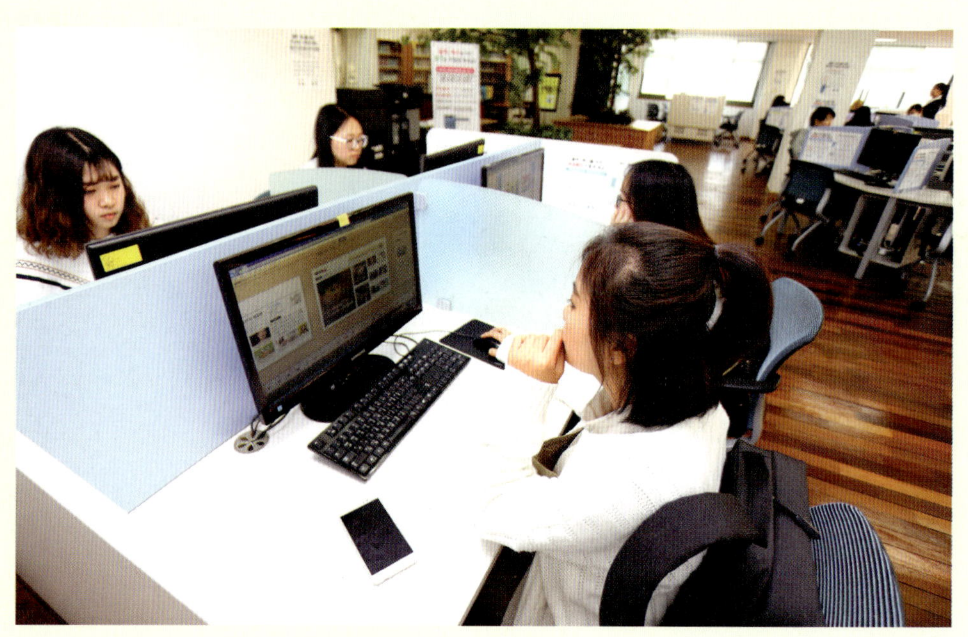

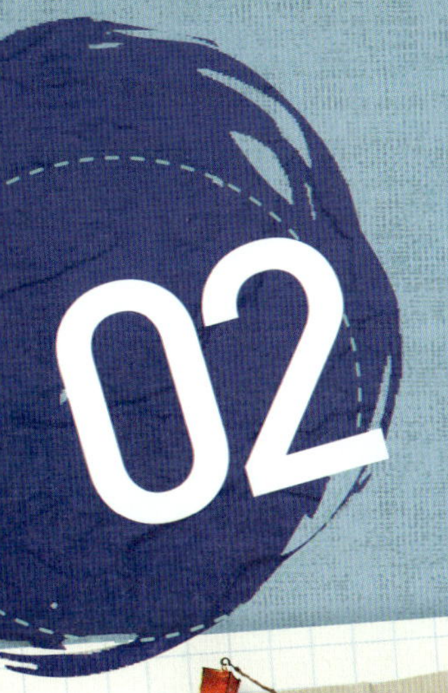

02 한국 음식을 먹으러 갈까요?

- 한국인의 기본 밥상과 한국인이 선호하는 음식에 대해 안다.
- 한국인의 매운 음식 성향에 대해 경험한다.

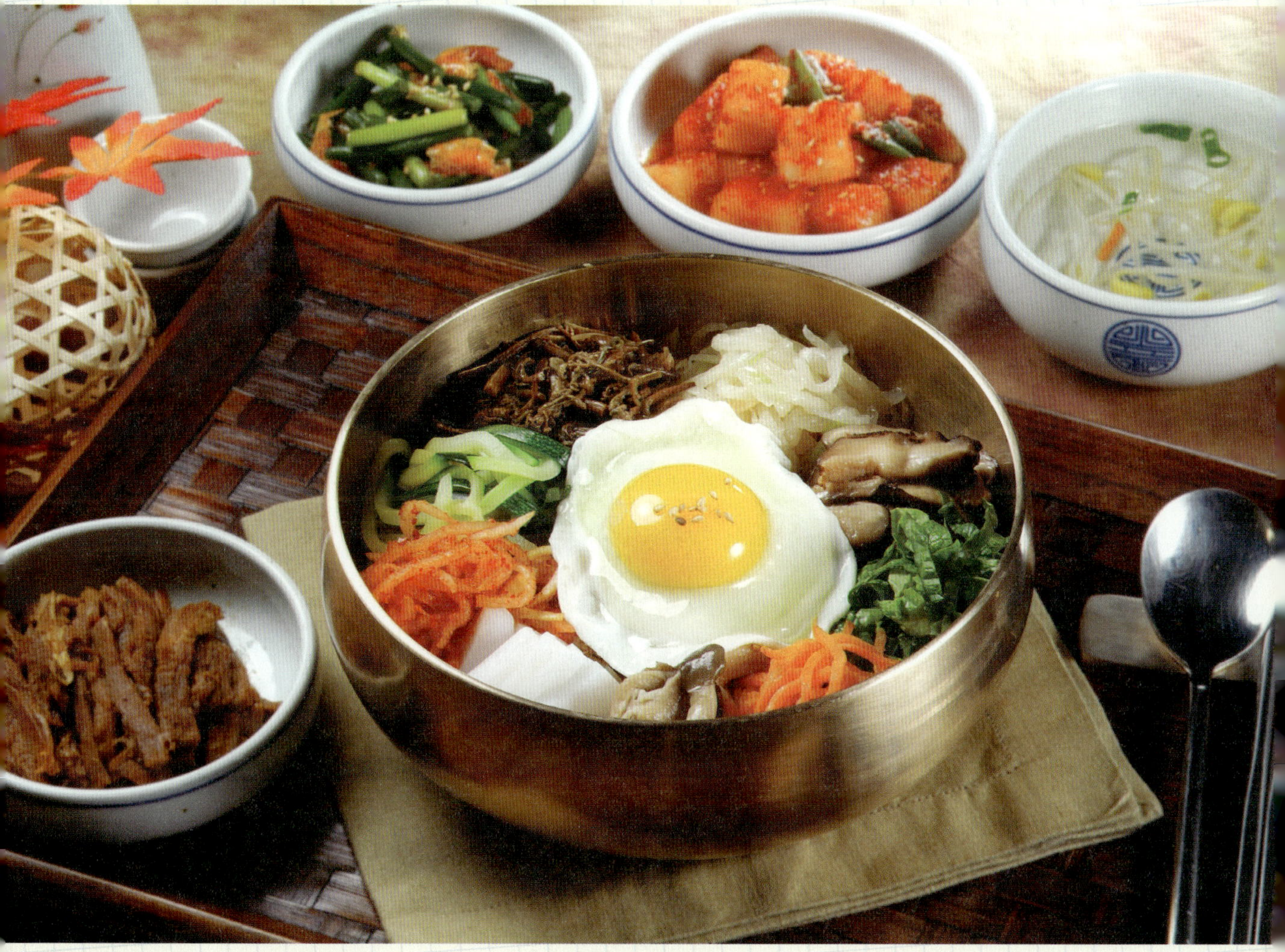

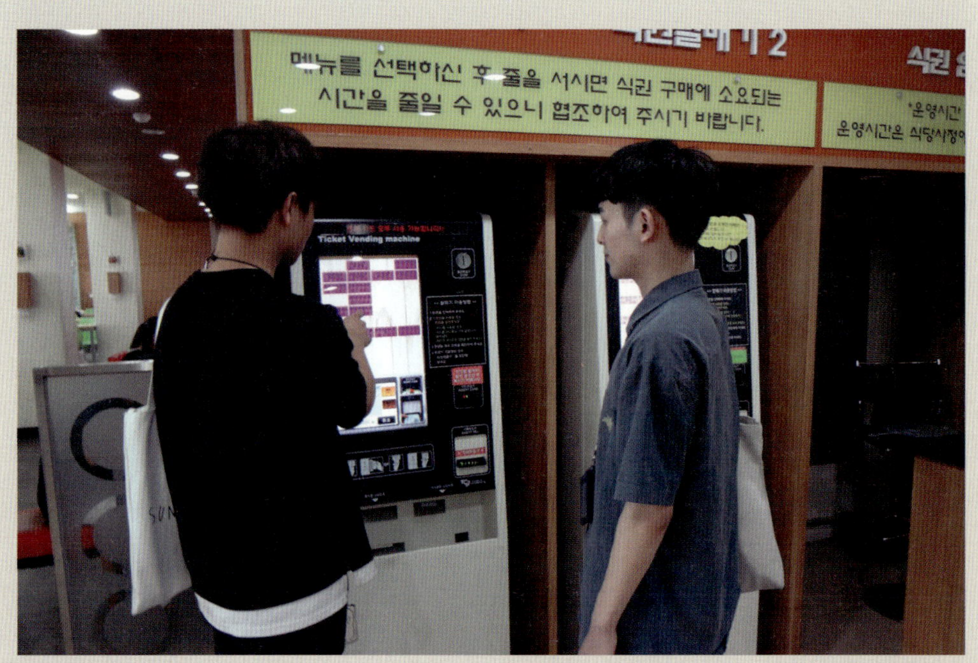

진위: 어, 선배! 점심 먹으러 왔어요?

민호: 응, 너도? 같이 먹자. 개강 기념으로 내가 사 줄게.

진위: 정말요? 전 불고기 백반이 맛있어 보이네요. 국도 나오고 반찬도 다양하니까 영양이 풍부할 것 같아요.

민호: 백반은 밥에 국과 반찬을 곁들여 먹는 한국 사람들의 밥상을 보여준다고 할 수 있지. 그리고 백반 메뉴(menu) 구성은 자신이 먹고 싶은 것을 고르는 게 아니라 영양사가 영양을 고려하여 정한 것인 만큼 건강에도 좋지.

진위: 그렇군요. 저도 이제 학생 식당에서 백반을 많이 먹어야겠어요.

민호: 한국 사람들은 밥심으로 산다거나 밥이 보약이라는 말을 해. 그만큼 잘 먹는 것을 중요하게 생각하지. 말이 나온 김에 오늘은 나도 백반을 먹어야겠다.

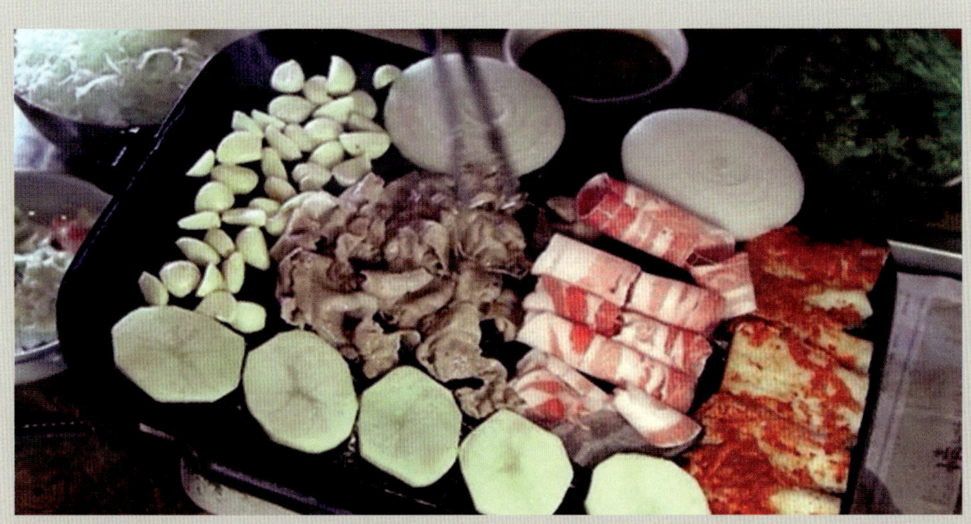

효려: 진위야, 여기야. 늦었다! 빨리 가자. 다들 모였대.

진위: 미안해요, 선배. 신입생이라서 그런지 아직도 학교가 낯설어요. 그런데 우리 뭐 하러 가는 거예요?

효려: 수업이 본격적으로 시작되기 전에 선·후배와 동기들, 그리고 신입생들이 함께 즐길 수 있는 개강 파티를 하러 가는 거야. 지금 삼겹살집으로 갈 건데, 삼겹살은 돼지고기로 한국 사람들이 외식이나 회식할 때 자주 먹는 음식 중의 하나야.

진위: 그러고 보니 중국의 카오우화러우(烤五花肉)를 말하는군요.

효려: 맞아. 그런데 우화러우를 먹는 방법이 조금 다른 것 같아. 한국에서는 주로 고기를 야채에 된장, 마늘 등과 함께 쌈을 싸서 먹는 편이거든.

진위: 우화러우를 싸서 먹는다고요?

새 어휘와 표현

- 백반: 家常套餐
- 반찬: 菜肴, 副食
- 다양하다: 【形】各种各样
- 영양: 营养
  - ~이 풍부하다: 营养丰富
- 곁들이다: 【动】拼配
- 밥상: 饭桌
- 메뉴(menu): 菜单
- 구성: 构成, 组成
- 영양사: 营养师

- 고려하다: 【动】考虑, 顾虑
- 건강: 健康
- 밥심: 民以食为天
- 밥이 보약이다: 药补不如食补
- 말이 나온 김에: 既然话都说出来了
- 개강 파티: 开学聚会
- 신입생: 新生
- 낯설다: 【形】陌生
- 본격적: 正式
- 후배: 后辈

- 동기: 同年进入学校或公司
- 외식: 到外边吃饭, 下馆子
- 회식하다: 【动】会餐
- 쌈: (用生菜, 白菜等包的)饭团
- 싸다: 【动】包
- 둘이 먹다가 하나가 죽어도 모르다:
  食物非常好吃, 以致于两人一起吃
  饭, 一个死了都不知道。
- 적당히: 【副】适当地

　　여러분은 한국 음식을 말하면 무엇이 생각나세요? 저는 개강을
하고 한국 친구하고 닭볶음탕을 먹으러 갔어요. 워낙 닭을 좋
아하는 저는 닭볶음탕을 먹어 보고 싶었어요. 제 생각으로
닭볶음탕은 닭을 볶아서 만든 탕이었으니까요.

　　그런데 닭볶음탕을 처음 보고 조금 놀랐어요. 빨간 육수
에 닭과 각종 채소를 넣고 끓인 음식이었어요. 육수 색을
보고 매운 걸 알았지만 저에게는 정말 매웠어요. 그런데 저와
함께 간 친구는 물론 옆에 앉았던 한국 사람들은 땀을 흘리면서
도 닭볶음탕을 아주 잘 먹는 거예요. 한국 사람들의 매운 음식에 대한
사랑을 많이 느낄 수 있었어요.

　　그러고 보니 며칠 전에도 불닭이라든가 엽기떡볶이 같은 매운 음식의 광고를 본 적
이 있어요. 빨간 고추로 매운 강도를 표시하여 취향에 맞게 조절할 수 있었던 것 같아
요. 한국 친구 말에 의하면 한국 사람들은 스트레스가 쌓이면 쌓일수록 강도 높은 매
운 음식을 먹는다고 해요. 그 이유는 한국 사람들이 매운 음식을 먹고 땀을 흘리다
보면 스트레스가 해소되는 기분이 들기 때문이래요.

　　중국 사람들도 스트레스가 쌓이면 매운 음식을 먹는 사람들도 있긴 한데 한국 사람
들처럼 매운 음식을 많이 찾지는 않아요. 자신이 좋아하는 음식을 찾는 경우가 더 많
아요. 여러분도 한국에 와서 공부가 잘 안 된다거나 친구와 싸웠다거나 소중한 물건을
잃어버리는 등 일이 잘 안 풀리고 기분이 안 좋아지는 경우가 생기면 매운 음식을 드
셔 보세요. 스트레스가 한방에 날아가는 기분을 느끼실 수 있을 거예요.

새 어휘와 표현

- 워낙: 【副】原本, 非常
- 탕: 汤
- 육수: 肉汤
- 채소: 蔬菜
- 그러고 보니: 这样看来

- 불닭: 辣味烤鸡
- 강도: 强度
- 표시하다: 【动】标示
- 취향: 口味, 爱好
- 조절하다: 【动】调节

- 스트레스: 压力
- ~가 쌓이다: 积累压力
- ~가 해소되다: 释放压力
- ~가 한방에 날아가다:
　压力一下子无翼而飞了

- 기분: 心情, 情绪
- ~이 들다: 有~的心情
- ~을 느끼다: 感受到~的心情

친구들을 집으로 초대해서 한국 음식을 대접하려고 해요. 잡채를 만들어 보는 건 어때요?

<table>
<tr><td rowspan="2">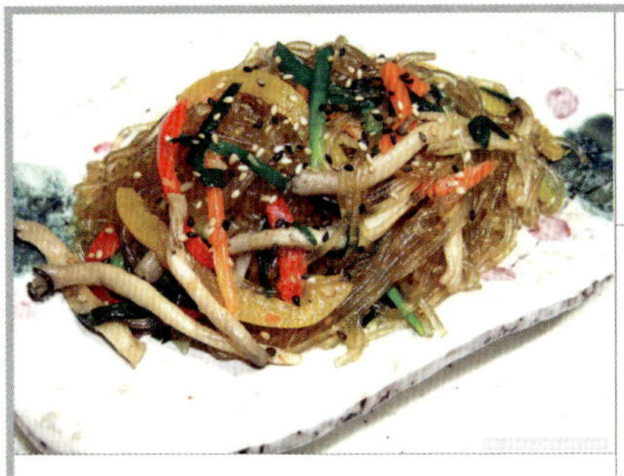

[보기]

설명:
잡채는 손이 많이 가는 음식이기 때문에, 손님 접대 음식으로 추천할 만하다.</td><td>이름: 잡채</td></tr>
<tr><td>재료: 당근, 당면, 버섯, 양파, 소고기, 파프리카
　　　참기름, (참)깨</td></tr>
<tr><td></td><td>만드는 방법:
1. **재료 준비:** 당근, 버섯, 양파, 파프리카 씻기, 당면을 1시간 불린 후 헹구고 삶기
2. **재료 채 썰기:** 당근, 버섯, 양파, 파프리카를 얇게 채 썰기, 소고기를 채 썰기
3. **재료 양념하기:** 채 썬 소고기를 양념에 재우기, 불린 후 헹구고 삶은 당면에 양념을 넣기
4. **재료 볶기:** 프라이팬에 식용유를 넣고 채소와 소고기 볶기, 당면 볶기
5. **재료 버무리기:** 당면에 볶은 채소와 소고기, 참기름을 넣고 버무리기
6. **(참)깨 뿌리기:** 완성된 잡채에 (참)깨 뿌리기</td></tr>
</table>

중국에서는 손님을 접대할 때 무슨 음식을 해요? 소개해 봅시다.

<table>
<tr><td rowspan="3">설명:</td><td>이름:</td></tr>
<tr><td>재료:</td></tr>
<tr><td>만드는 방법:</td></tr>
</table>

한국 식당에서는 식탁에 앉지 않고 방 바닥에 앉아서 먹는 경우가 많다. 요즘은 외국인 관광객들이 많아져 관광지 식당에서는 식탁을 많이 사용하지만 아직도 방 바닥에 앉는 식당도 많다. 중국 사람들은 이런 식당에서 식사하는 것이 불편할 수도 있다.

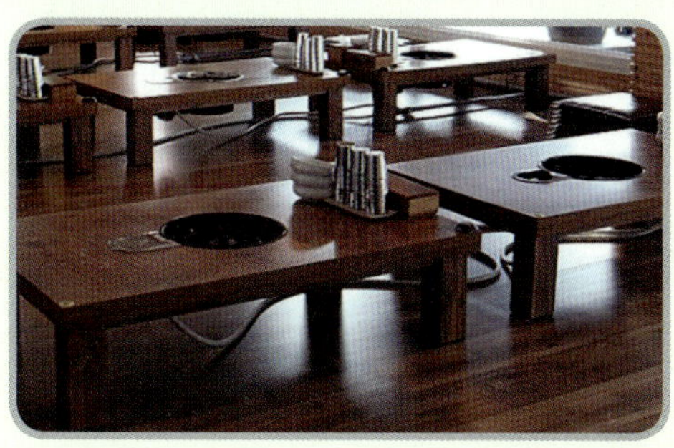

한국 식당에 들어가면 대부분 큰 물통에 찬물이나 얼음물을 넣어 가져다 주는 경우가 대부분이어서 따뜻하거나 뜨거운 물을 마시고 싶다면 따로 부탁해야 한다. 심지어 겨울에도 뜨거운 물을 주는 식당은 별로 없다. 한국 사람들이 시원한 물을 찾는 데 반해 중국 사람들은 항상 따뜻한

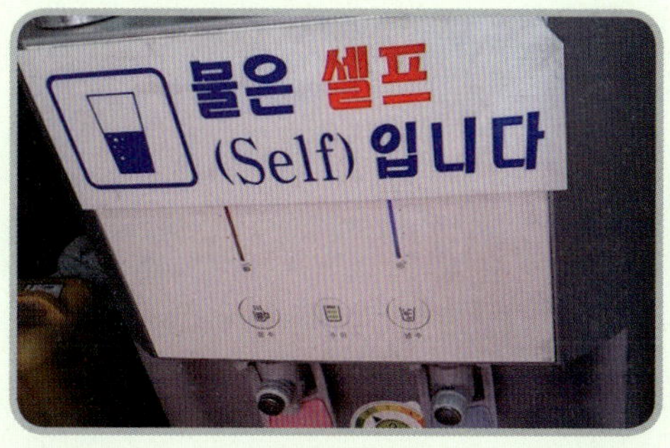

물이나 녹차, 우롱차를 수시로 마신다고 할 수 있다. 그리고 식당에 가면 종종 '물은 셀프(Self)입니다'라고 써 있는 곳이 있으므로 식당 벽이나 정수기 근처, 메뉴판을 잘 살펴 봐야 한다. 그런 식당에서는 직접 물을 가져다 마셔야 한다.

또, 대부분 한국 식당에서는 반찬이 부족할 경우 반찬을 더 준다. 더구나 찌개나 탕의 물을 요청할 경우 다시 주기도 한다. 이렇듯 한국에서는 반찬과 같은 음식의 리필(Refill) 문화가 발달되어 있다.

03 한국 친구를 만들어 볼까요?

- 한국 친구를 사귀는 방법에 대해 안다.
- 한국인의 특성과 성향에 대해 경험한다.

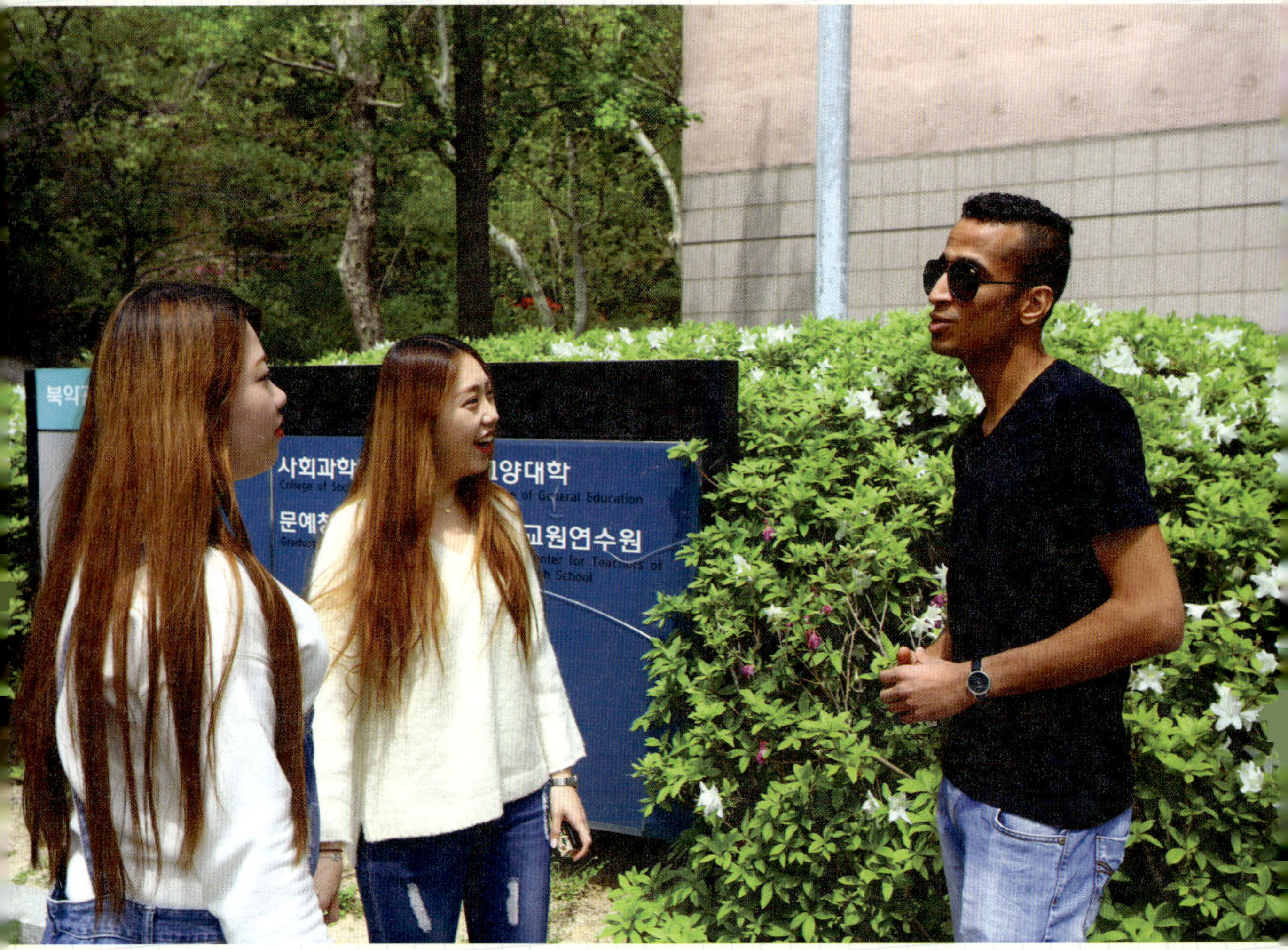

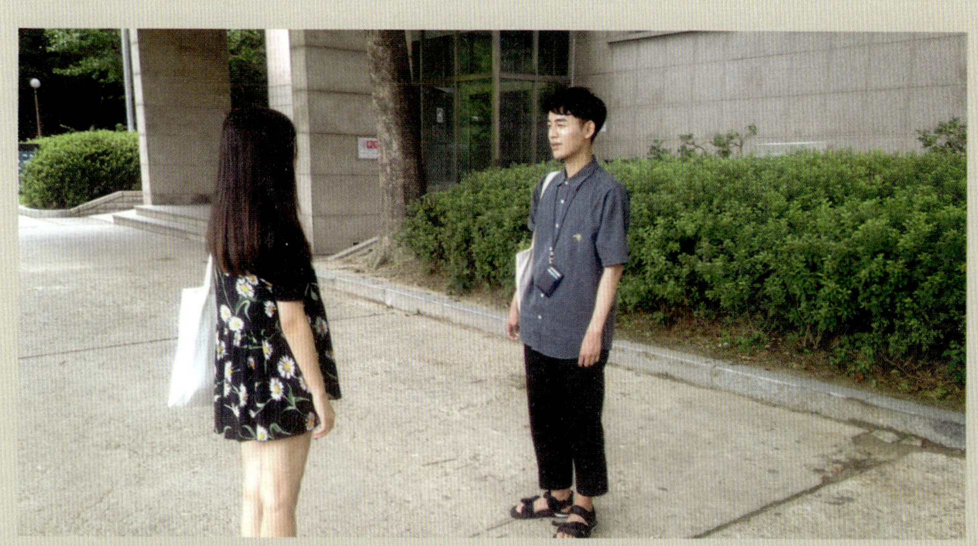

효려: 위신아! 어디 가?

위신: 어학당에서 한국어 수업을 듣고 집에 가는 길이에요.

효려: 안색이 안 좋은데, 너 무슨 일 있어?

위신: 시험을 잘 못 봐서 속상해요. 열심히 공부했는데도 점수가 잘 안 나왔거든
요. 특히 듣기가 많이 부족해요.

효려: 그렇구나. 혹시 한국 친구 있어?

위신: 네, 멘토(mentor) 형이 있어요. 그런데 형이 요즘 취업 준비로 바빠서 좀처
럼 만나기가 힘드네요.

효려: 그럼 어학당이나 학교 도서관의 '친구 만들기' 게시판에서 자신에게 맞는 한
국 친구를 찾아봐. 거기에 나온 연락처로 연락해서 한국 친구를 만나 대화
를 하다 보면 듣기 실력도 향상되고 자신감도 생길 거야.

위신: 누나, 많은 도움이 되었어요. 알려 줘서 고마워요.

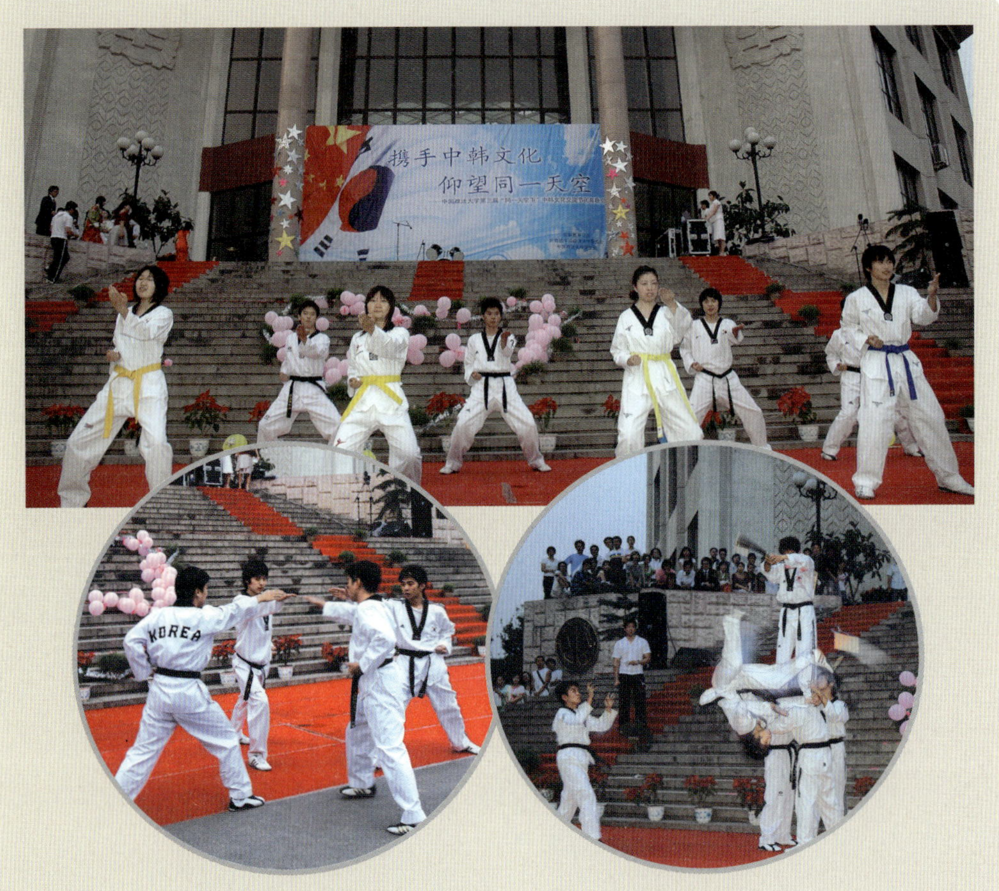

진위: 선배, 한국에 왔는데도 중국 친구만 사귀어서 걱정이에요. 한국 친구를 만들기가 어려운 것 같아요.

민호: 그건 네가 아직 한국어가 서투르고 한국문화에도 익숙하지 않아서 그래.

진위: 맞아요, 선배. 뭐 좋은 방법이 없을까요?

민호: 넌 운동을 좋아하니까 태권도 동아리에 가입해 보는 건 어때? 태권도 동아

리에 들면 한국 친구들을 사귈 수 있어서 한국어는 물론 한국문화에 대해 많은 정보를 얻을 수 있을 거야.

진위: 동아리는 어떻게 가입하는 거예요?

민호: 생각보다 간단해. 동아리 소개 책자라든가 학교 홈페이지 같은 곳에서 동아리 정보를 볼 수 있어. 그 다음에 자신이 가입하고 싶은 동아리의 방을 찾아가기만 하면 돼. 한국 생활을 잘하려면 뭐니 뭐니 해도 한국 친구가 많아야지.

새 어휘와 표현

- 어학당: 语学堂
- 안색이 안 좋다: 脸色不好
- 속상하다: 【形】伤心
- 부족하다: 【形】不足
- 멘토(mentor): 辅导员, 辅导, 小伙伴
- 취업 준비: 就业准备
- 게시판: 公告板
- 연락처: 联系方式
- 실력이 향상되다: 增强实力
- 자신감이 생기다: 产生自信
- 익숙하다: 【形】熟悉, 熟练
- 동아리: 社团
  ～에 가입하다: 加入社团
  ～에 들다: 进社团
- 책자: 小册子
- 뭐니 뭐니 해도: 不管怎么说

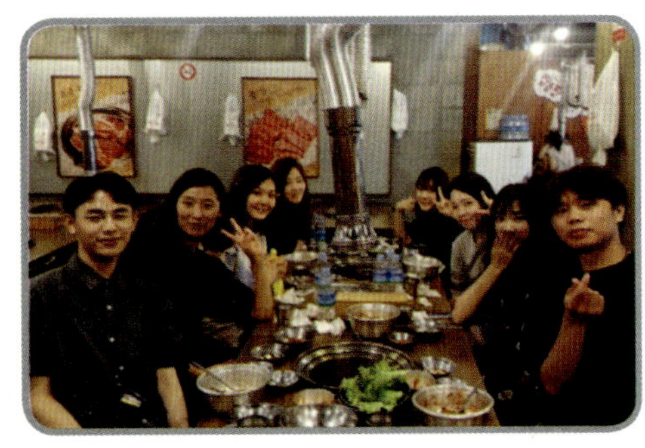

　한국 친구를 사귀는 방법에는 여러 가지가 있다. 먼저 언어교환 프로그램을 통해 한국인 멘토를 만날 수 있다. 그 다음으로 자신이 직접 한국 친구를 찾기 위해 학교 도서관이나 어학당 게시판에 글을 써서 붙여도 되고 학교 홈페이지 게시판에도 글을 올릴 수 있다. 세 번째는 수업 시간에 하는 과제 활동으로도 한국 친구를 사귈 수 있다. 또, 엠티(MT)나 학과에서 하는 주요 행사, 기숙사 생활을 통해서도 한국 친구를 만날 수 있다. 대개 한국 친구들은 한 친구를 통해 그 친구의 친구를 소개하는 방식으로 알게 되는 경우가 많다.

　요즘 한국에서 주로 사용하는 연락 방법은 카카오톡이다. 중국의 QQ 또는 Wechat과 비슷하다고 보면 된다. 특히 한국에서는 페이스북(Facebook)이나 인스타그램(Instagram)과 같은 SNS를 통해 친구를 만나기 쉬울 뿐만 아니라 원하는 정보를 빠른 시간 안에 얻을 수 있다. 그러나 SNS의 특성상 빈번하게 연락하는 것은 가능하지만 돈독한 관계를 유지하기 어렵다는 단점이 있다. 혹 한국에 대한 다양한 정보 등에 대해 알고 싶으면 '沪江韩国语　韩国新网', '奋斗在韩国'의 사이트를 활용하는 것이 유용하겠다.

새 어휘와 표현

- 언어교환 프로그램: 语言交换项目
- 과제 활동: 课题活动
- MT(Membership training): 联谊旅行
- 주요 행사: 主要活动
- 빈번하다: 【形】频繁
- 돈독하다: 【形】深厚
- 활용하다: 【动】活用, 利用

한국 친구를 찾는 게시판 글을 써 봅시다.

한국 친구를 찾는 게시판 글을 쓰려고 해요. 무엇을 써야 할까요?

[보기]	국적	나이	성별	이름	연락처
	싱싱				
	여				
	22세				
	중국				
남기고 싶은 말	한국어와 한국문화를 배우고 싶습니다. 저에게 한국어와 한국문화를 알려 줄 수 있는 한국 학생을 찾습니다. 될 수 있으면 중어중문학과에 재학 중인 여자 학생이었으면 좋겠습니다.				
	275358306@qq.com / 010-1234-5678				

여러분은 어떤 한국 친구를 찾고 싶어요? 표를 채우고 이야기해 봅시다.

사랑하는 부모님께

 안녕하세요? 저는 양상입니다. 요즘 어떻게 지내고 계세요? 제가 한국에 온 지 벌써 6개월이 지났습니다. 저는 예전에 비하면 지금은 한국 생활에 잘 적응하고 있습니다.

 처음에는 한국말이 서툴러서 수업을 따라가기가 힘들었고, 그러다 보니 재미가 없어서 학교도 가기 싫었습니다. 그런데 언어교환 프로그램을 통해 한국인 멘토가 생기고, 학교 행사에 참여하거나 과제 활동 및 기숙사 생활을 하면서 한국 친구들과 어울리다 보니 점점 학교 생활도 재미있어지고 한국 생활에도 적응하게 되었습니다. 한국 친구들을 사귀게 되면서 사전에 나와 있지 않은 신조어와 요즘 이슈가 되는 문제에 대해 듣게 되니까 한국어 공부에 많은 도움이 됩니다.

 그리고 한국 친구들을 통해 한국문화, 특히 한국인의 성향이나 사고방식을 이해할 수 있게 되었습니다. 며칠 전에 제가 신입생 엠티에서 신나고 재미있게 놀았던 한국인 동기를 우연히 마주쳐서 반갑게 인사를 했는데, 그 동기가 제 인사를 받지 않고 그냥 지나가서 기분이 안 좋았습니다. 그런데 지금은 '보통 한국 사람들은 친해지려면 시간이 오래 걸리는 편'이라는 한국 친구의 말을 듣고 생각하니까 이해할 수 있었습니다.

 저는 아직 한국 사람들의 말과 행동을 가끔 이해할 수 없는 경우가 있기는 하지만 한국 친구들 덕분에 학교 생활과 한국 생활에 잘 적응해 가고 있습니다. 그러니까 제 걱정은 더 이상 하지 않으셔도 됩니다.

 항상 제 뒤에서 지켜봐 주시고 응원해 주시는 부모님이 계셔서 저는 정말 행복합니다. 다음에 또 편지 쓰겠습니다. 안녕히 계세요.

아들 양상 올림

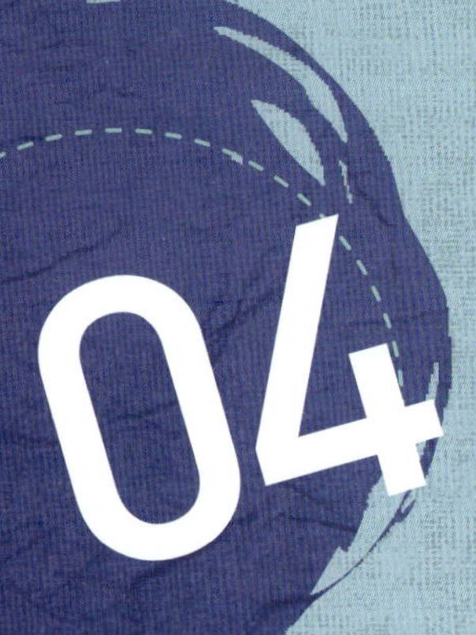

04 밤에 보는 경복궁은 아름다워요

- 서울의 문화 축제에 대해 안다.
- 한국의 '문화가 있는 날'에 대해 안다.

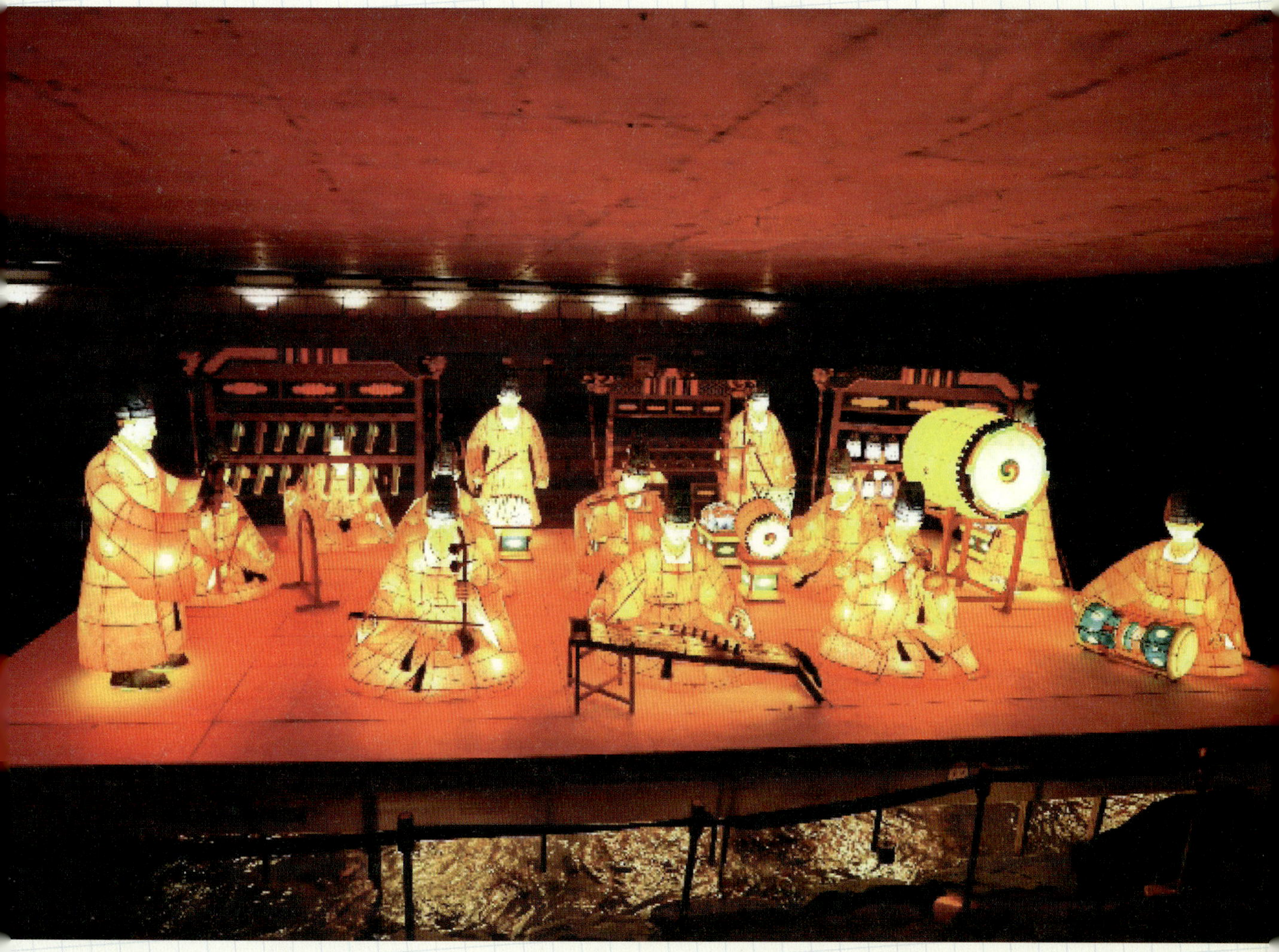

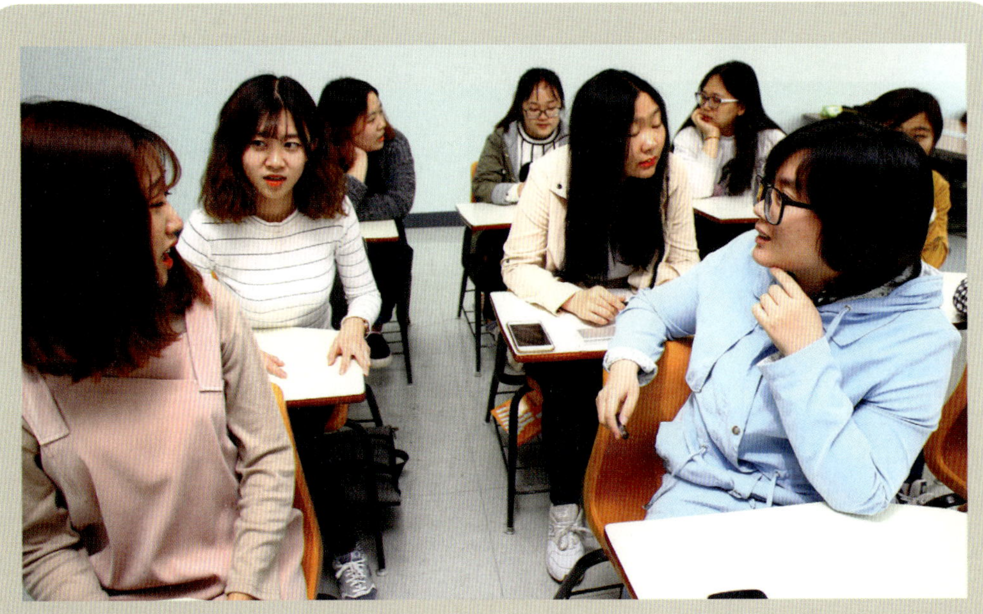

효려: 위신아, 오늘 같이 경복궁에 갈래?

위신: 지난달에 친구와 다녀왔어요. 그런데 갑자기 경복궁은 왜요?

효려: 경복궁 야간 개장하는 날이거든. 밤에는 어떤 모습일지 궁금해서.

위신: 야간 개장이요? 그건 놀이동산에서만 하는 거 아니에요?

효려: 경복궁은 매년 3월, 4월, 7월, 9월에 야간 특별관람 행사를 해. 원래는 표를 예매해야 하지만 한복을 입고 가면 예매를 하지 않아도 된다고 해.

위신: 우와! 저도 밤에 보는 경복궁은 어떤 모습일지 궁금해요. 같이 가요!

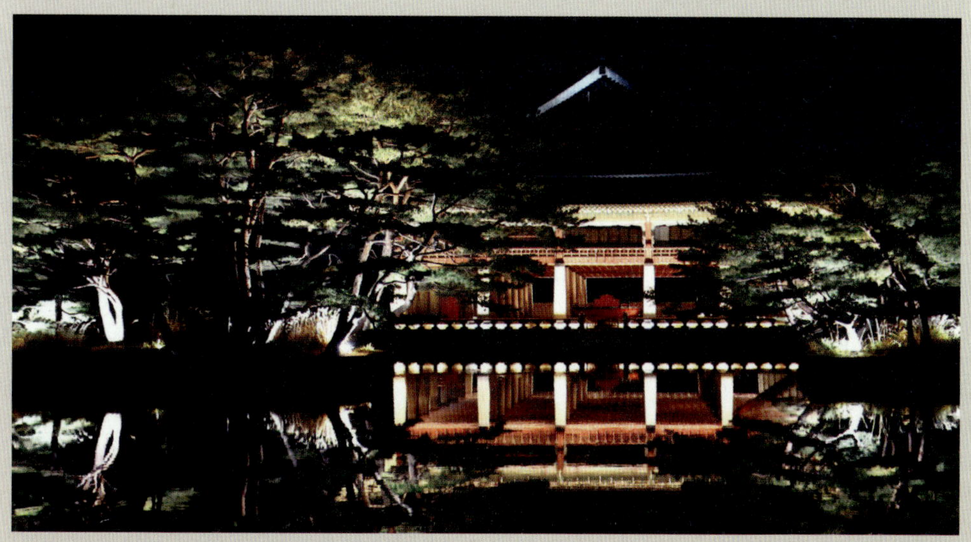

효려: 선배! 이 사진 어때요?

민호: 어~ 경복궁 야간 개장 행사에 다녀왔구나.

효려: 네, 맞아요. 위신이랑 같이 다녀왔어요.

민호: 재미있었겠다. 혹시 나중에 시간이 되면 나랑 같이 서울 빛초롱 축제에도 가지 않을래?

효려: 서울 빛초롱 축제요? 거기는 가본 적이 없는데 그것도 밤에 열려요?

민호: 응. 경복궁 야간 개장과 마찬가지로 밤에 열리고 야간에만 볼 수 있는 다양한 볼거리가 가득하지. 그것 말고도 여의도 벚꽃축제 역시 밤에 가면 낮에는 볼 수 없었던 색다른 경험을 할 수 있을 거야.

효려: 서울은 낮에도 밤에도 아름다운 볼거리가 참 많은 것 같아요!

새 어휘와 표현

- 야간 개장: 夜间开放
- 예매하다: 【动】预买, 预购
- 색다르다: 【形】别致
- 축제: 庆典
- 마찬가지: 一样, 同样
- 볼거리: 节目
- 열리다: 【动】开放, 开门

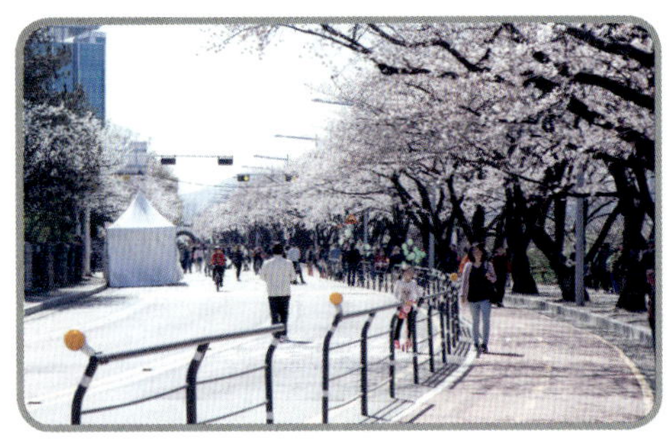

안녕! 나는 이제부터 너희들에게 서울에서 유명한 축제들을 소개해 줄 민호라고 해. 이해하기 쉽게 월별로 나누어 소개할 생각이야.

첫 번째, 아름다운 꽃이 피는 4월에 여의도에 가면 '봄꽃축제'를 구경할 수 있어. 그중 단연 으뜸이 되는 것은 바로 벚꽃인데, 근처에는 국회의사당과 한강공원도 있으니 같이 구경하면 알차게 하루를 보낼 수 있어. 두 번째로 9~10월 사이에 여의도에서 열리는 서울세계불꽃축제는 밤하늘에서 아름다운 불꽃을 감상할 수 있는 좋은 기회야. 세계 여러 나라가 모여 함께하는 축제이니까 당연히 많은 사람이 모이겠지? 일찍 가서 좋은 자리를 잡는 것이 좋을 거야. 마지막으로 11월에 청계천에서 열리는 서울빛초롱 축제는 한국 전통문화 중 하나인 등불의 다양한 모습과 함께 야간의 청계천 모습을 감상할 수 있는 일거양득의 기회라고 할 수 있어.

위의 세 가지 축제들 말고도 많은 축제들이 서울에서 열리고 있어. 더 많은 축제가 궁금하면 한국관광공사 홈페이지에 들어가면 볼 수 있어(http://korean.visitkorea.or.kr/). 그리고 사정에 따라 축제시간이 바뀔 수도 있으니 반드시 인터넷으로 한번 검색하고 가 보는 것 잊지 마!

새 어휘와 표현

- 국회의사당: 国会议事堂
- 한강공원: 汉江公园
- 청계천: 清溪川
- 여의도: 汝矣岛

- 일거양득: 一举两得
- 감상하다: 【动】观赏, 欣赏

1 한국의 축제 중 하나를 선택한 후 조사해서 써 봅시다.

2 고향의 축제 중 하나를 선택하여 한국 친구에게 소개하는 글을 써 봅시다.

Q '문화가 있는 날'이 뭐죠?

A '문화가 있는 날'은 매달 마지막 수요일로 전국의 영화관, 공연장, 미술관 등 다양한 문화시설의 문턱을 낮추어 보다 쉽게 문화생활을 누릴 수 있도록 문화융성위원회와 문화체육관광부에서 2014년 1월부터 시행한 제도입니다. '문화가 있는 날'에는 전국의 주요 문화시설을 할인 또는 무료로 즐길 수 있습니다.

Q 문화가 있는 날, 즐길 수 있는 문화시설에 대해 더 자세히 알려주세요!

A '문화가 있는 날'에 참여하는 영화관, 스포츠시설, 공연장, 미술관, 박물관, 문화재, 도서관에서 할인 또는 무료입장이 가능하고요. 직장인도 퇴근 후 이용이 가능하도록 일부 문화시설은 야간개방을 합니다. 상세한 혜택은 다음과 같습니다.

영화관람	스포츠관람	공연관람
● CGV, 메가박스 등 전국 주요 영화관 할인 ● 저녁 5~9시 시작 영화 해당 ● 9,000원 → 5,000원 　　　*일부상영관제외	● 초등학생이나 초등학생 이하 자녀와 입장하는 경우 프로농구, 프로배구, 프로축구, 프로야구 관람료 50% 할인	● 국립극장, 예술의 전당, 세종문화회관 등 주요 공연장 공연 할인
전시관람	문화재관람	기타문화공간
● 국립현대미술관을 비롯한 박물관, 미술관 할인 및 무료 관람 제공	● 경복궁, 창덕궁 등 4대궁과 종묘, 조선왕릉 무료입장	● 거리공연, 벼룩시장, 재능기부, 작은운동회 등 개최

〈출처 : 문화가있는날홈페이지(http://www.culture.go.kr/wday/)〉

05 핸드폰 만들고 싶어요

학습목표

- 한국에서 핸드폰 개통하는 방법을 배운다.
- 자신에게 맞는 통신사와 요금제를 찾아 본다.

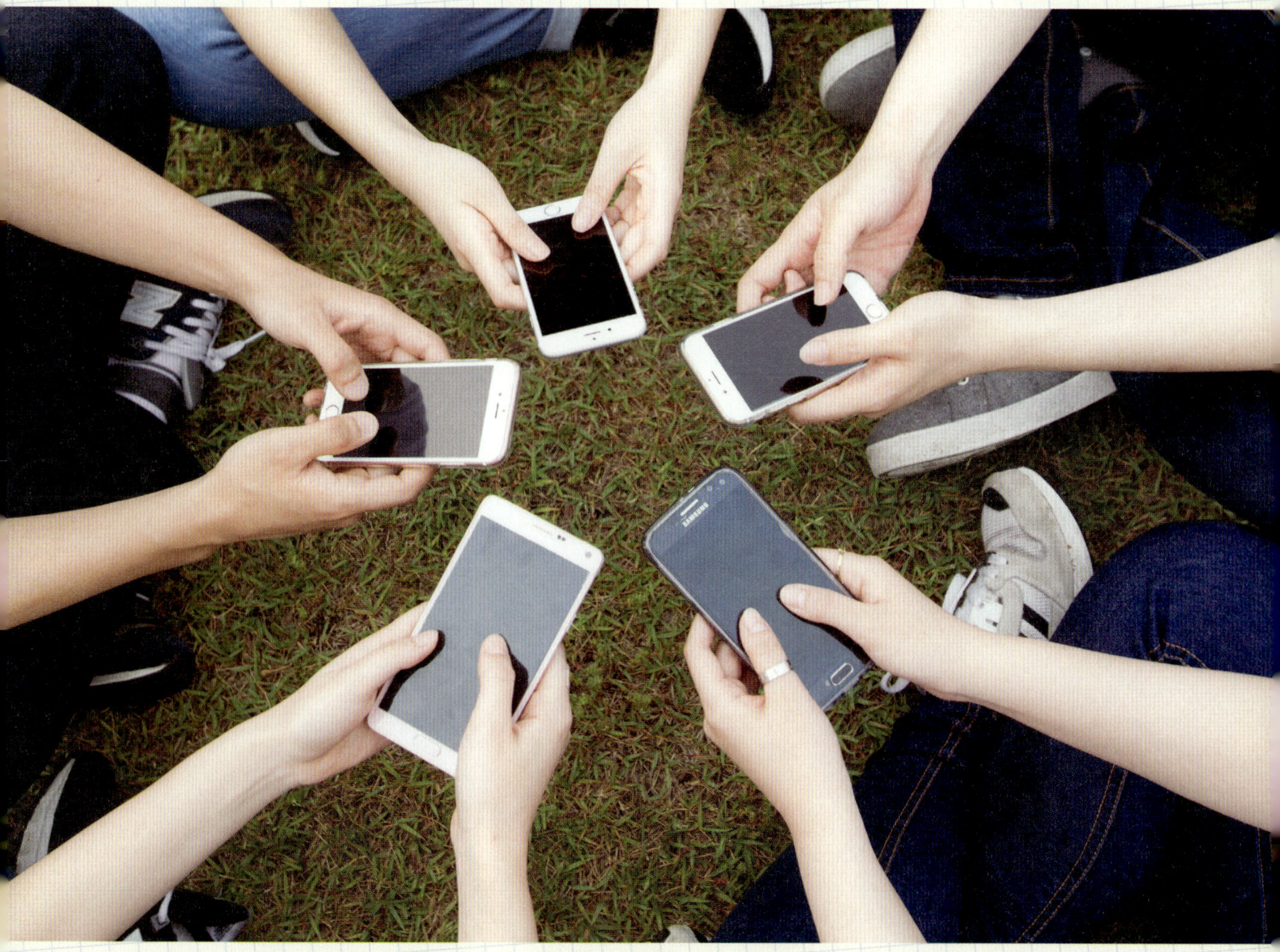

민호: 진위야, 어디 가?

진위: 핸드폰을 만들려고 통신사 대리점에 가는 길이에요.

민호: 한국에 온 지 꽤 되었는데 지금까지 핸드폰도 없이 지냈어?

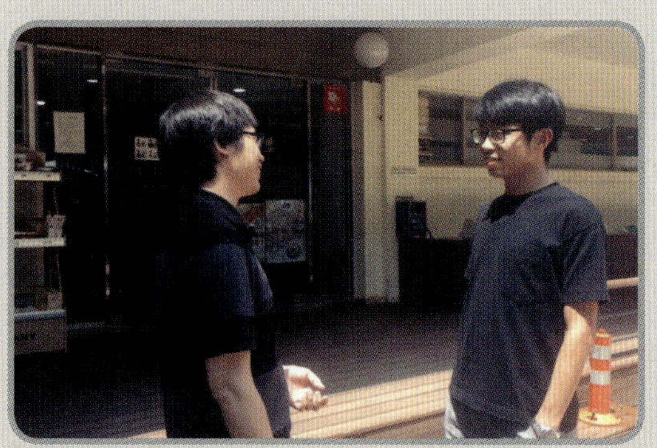

진위: 네, 기숙사에 와이파이(Wi-Fi)가 있으니까 없어도 될 줄 알았는데, 시간이 지날수록 불편한 점이 한둘이 아니네요.

민호: 그렇겠지. 근데 지금 쓰고 있는 중국 핸드폰에 한국심카드만 꼽으면 되지 않을까?

진위: 친구한테 들었는데 한국 시장에 정식 출시된 기종이면 괜찮지만 제 것은 3년 전에 산 구형 모델이라 아마 안 될 것 같대요.

민호: 그럼, 일단 핸드폰을 가지고 대리점에 가서 물어보고, 안 된다고 하면 그때 새로 사. 그런데 어느 통신사에 가입하려고 하니?

진위: 글쎄요, 그건 저도 잘 모르겠어요.

민호: 통신사마다 기계값과 요금제도 및 할인 혜택이 다르니까 꼼꼼히 비교해 보고 선택해야 해.

진위: 네, 선배. 고맙습니다.

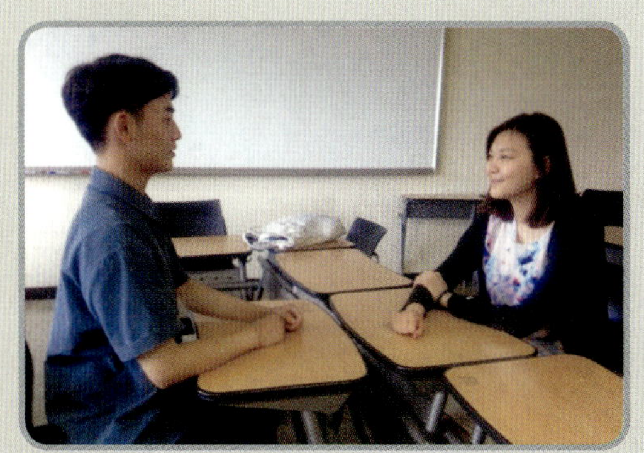

진위: 효려 누나, 바빠요?

효려: 아니, 괜찮아. 무슨 일인데?

진위: 한국 핸드폰이 없어서 생활하기가 힘드네요. 그래서 어제 통신사 대리점에 갔다 왔어요.

효려: 드디어 한국 핸드폰을 개통했니? 축하한다!

진위: 아직 못 했어요. 한국에서는 2년 이상 핸드폰을 사용하지 않으면 해지할 때 위약금을 내야 한대요. 그래서 한참 고민하다가 결국 포기했어요.

효려: 맞아, 한국에서는 대부분 약정이 필요해. 하지만 선불폰도 있는데 혹시 안 물어봤어?

진위: 아니요, 그게 뭔데요?

효려: 원하는 금액만큼 미리 충전해서 사용하는 방식인데, 문자와 통화만 이용할 거면 약정제도보다 훨씬 저렴해.

진위: 데이터는 쓸 수 없나요?

효려: 데이터가 포함된 선불 요금제도 있지만, 꽤 비싸다고 들었어.

진위: 알겠어요. 통신사 대리점에 가서 다시 물어봐야겠어요. 고마워요.

새 어휘와 표현

- 핸드폰/휴대폰을 만들다: 办手机
- 통신사: 通信公司
- 대리점: 代理店
- 한둘이 아니다: 不只一两(点)
- 심카드: SIM卡
- 시장에 출시되다: 上市
- 기종: 机种

- 기계값: 裸机价格
- 요금제도: 收费制度
- 할인: 折扣
- 혜택: 优惠
- 휴대폰을 개통하다: 开通手机
- 해지하다: 【动】解除, 解约
- 위약금을 내다: 交违约金

- 약정: 合约协议
- 선불폰: 预先付费手机
- 충전하다: 【动】充值
- 문자: 短信
- 통화: 通话
- 저렴하다: 【形】低廉
- 데이터: 数据

현대사회를 살아가면서 핸드폰이 없다면 불편한 점이 한두 가지가 아닐 거예요. 친구나 가족과 마음대로 통화할 수도 없고, 학교에서 오는 전화나 문자를 받지 못해서 중요한 정보를 얻지 못하게 될 수도 있어요. 요즘에는 대부분의 건물 내부에 와이파이서비스가 제공된다고는 하지만 신호가 잘 잡히지 않아 답답한 경우도 있어요. 무엇보다도 갑작스러운 긴급 상황에 대비하기 위해서라도 핸드폰을 만들어 두는 편이 좋아요.

만약 중국에서 쓰던 핸드폰이 한국에서도 사용할 수 있는 기종이라면 기계를 새로 살 필요 없이 통신사에서 심카드를 구입하고 요금제를 선택하기만 하면 돼요. 예를 들면, 중국에서 사용하던 핸드폰이 애플, 삼성, LG의 핸드폰이었다면 한국에서도 큰 문제 없이 사용할 수 있어요. 그리고 고장이 나더라도 수리해 주는 데가 많으니까 편하게 사용할 수 있을 거예요.

한국을 대표하는 이동통신사로는 KT, LG, SKT가 있어요. 각 회사마다 가입비와 요금제 정책이 달라서 통신사 대리점에 가서 직접 상담해 보고 결정하는 것이 좋아요. 그리고 같은 통신사라도 대리점에 따라 가격의 차이가 있을 수도 있어요. 그래서 몇 군데를 둘러보고 결정하는 것을 추천하고 싶어요.

한국에서는 핸드폰의 판매도 대개 통신사 대리점을 통해서 이루어져요. 그래서 대리점에 가면 핸드폰 구매와 개통 처리를 한꺼번에 해결할 수 있어요. 핸드폰의 가격은 중국과 별 차이가 없으나 통신사에서 보조금을 주기 때문에 꽤 저렴하게 살 수 있어요.

만약 취업비자를 가지고 있다면 휴대폰 비용을 할부로 나누어 지불할 수 있지만, 유학생 비자를 갖고 있는 경우에는 일시불로 지불해야 해요. 새 핸드폰을 사는 것이 너무 부담스럽다면 중고폰을 구하거나 통신사에서 장기대여를 받아서 사용할 수도 있어요. 꼼꼼히 따져보고 자신에게 맞는 핸드폰을 마련하길 바라요.

- 후불요금

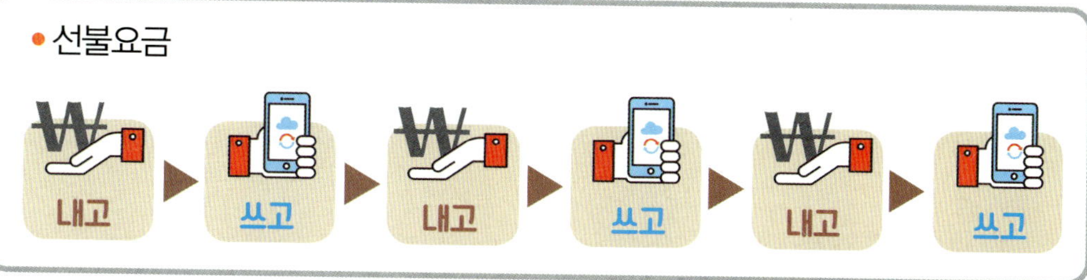

- 선불요금

- 마음대로:【副】随心所欲
- 전화/문자를 받다: 接收电话/短信
- 서비스가 제공되다: 提供服务
- 신호가 잡히다: 有信号
- 긴급 상황에 대비하다: 应对紧急状况
- 고장이 나다: 出故障

- 수리하다:【动】修理
- 가입비: 加入费, 入网费
- 군데: 处, 地方
- 둘러보다:【动】环顾, 观望
- 한꺼번에:【副】一次, 一起
- 보조금: 补助金

- 할부: 分期付款
- 일시불: 一次付清
- 중고폰: 二手手机
- 장기대여: 长期出借

어플리케이션을 다운로드 해 봅시다.

1 통신사 고객센터

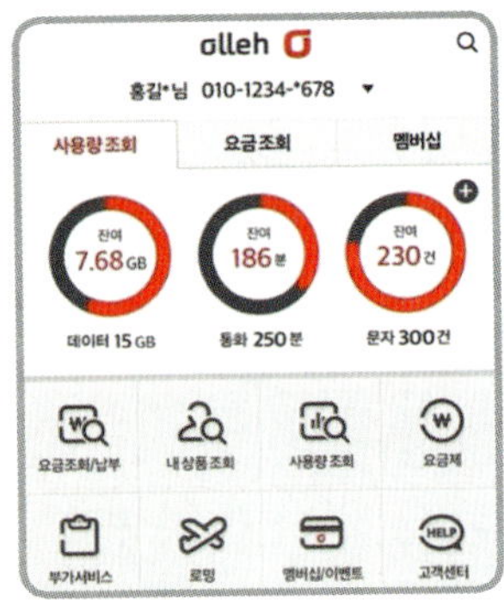

각 통신사의 고객센터 앱(APP)을 다운로드 받아 두면 핸드폰 사용량과 현재까지 사용한 요금을 실시간으로 검색할 수 있다. 또한 자신에게 맞는 요금제로 변경할 수도 있고 편의점, 극장, 제휴상점에서 할인 혜택을 받는 다양한 멤버십(membership) 혜택까지 누릴 수 있다.

예 KT 통신사: 올레 고객센터 앱

APP STORE에서 "올레 고객센터" 앱을 다운로드 해 보자!

2 국제전화 어플

예 "OTO 글로벌"과 같은 앱을 받으면 국제전화를 한국내 요금으로 사용할 수 있다.

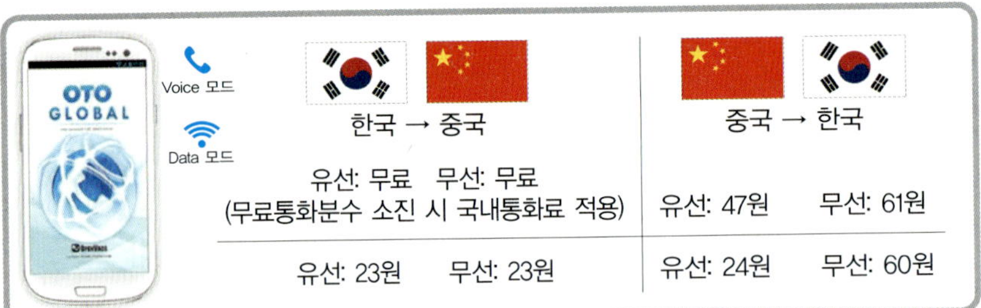

3 일반 인기 어플

한국 사람들이 가장 많이 쓰는 메신저는 "카카오톡(KaKaotalk)"이다. 길을 찾는 데는 "네이버 지도" 앱이 있고, 교통 정보를 얻는 데는 "스마터서브웨이", "카카오지하철", "카카오버스" 등의 앱이 있다.

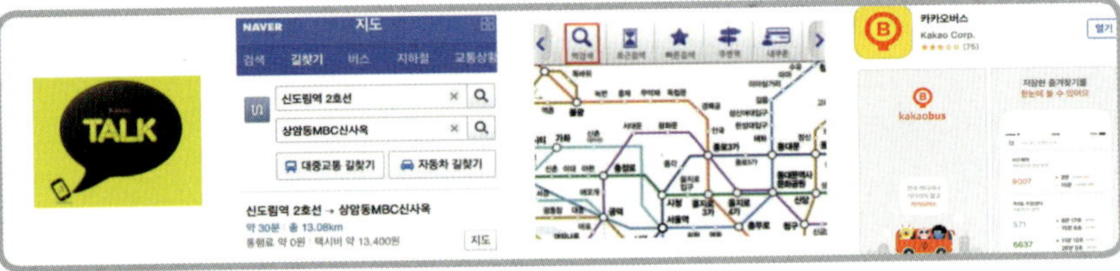

1. 알뜰폰

통신비를 절감하기 위해서 '알뜰폰'을 선호하는 사람이 많아지고 있다. '알뜰폰' 회사는 기존 삼대 통신사(SKT, KT, LG)의 통신망을 빌려서 저렴한 가격으로 통신 서비스를 제공하고 있다. '알뜰폰'의 최대 장점은 기본요금이 저렴하다는 점이다. '알뜰폰'에 관심이 있으면 다음 사항을 알아 두는 게 좋다.

- 통신사의 멤버십 혜택을 이용할 수 없다. 그리고 데이터 요금이 저렴하지 않기 때문에 전화나 문자 사용량이 많은 사람에게 적합하다.
- 오프라인 매장이 적어서 방문 가입이 불편하다. 통신사웹사이트에서 신청하거나 통신사에 전화해서 만들어야 한다.
- 우체국을 이용하면 편리하게 알뜰폰을 마련할 수 있다.

〈대표적인 알뜰폰 사업자〉

통신망	SKT	KT	LG U +
브랜드명 (기업명)	7모바일 (SK텔링크)	CJ헬로 모바일 (CJ헬로비전)	FreeT (스페이스네트)
	스노우맨 (온세텔레콤)	FreeC (프리텔레콤)	마이월드 (머천드코리아)

2. 중고폰 구하는 방법

(가) 직접 중고폰 매점에 가서 핸드폰의 상태를 확인하고 판매주와 거래한다.
- 폰사닷컴: 신촌점, 마포홍대점, 영등포역점, 성신여대점, 강남사당점, 강남역점
- 중고폰나라: 강남점, 부평점, 부천점, 주안점
- 뉴원모바일: 강북구 미아삼거리역 6번 출구

(나) 온라인으로 중고폰을 구매한다.
- 세티즌: www.cetizen.com
- 중고나라: www.junggo.com

학교 근처에 방을 구하고 싶어요

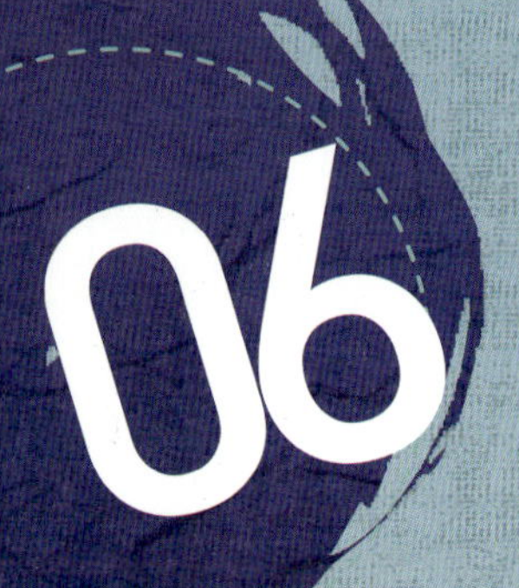

학습목표

- 한국의 주거 형태와 각 주거 형태의 장단점에 대해서 알아본다.
- 부동산 중개소의 중개인에게 자신이 원하는 집에 대해서 정확히 설명할 수 있다.

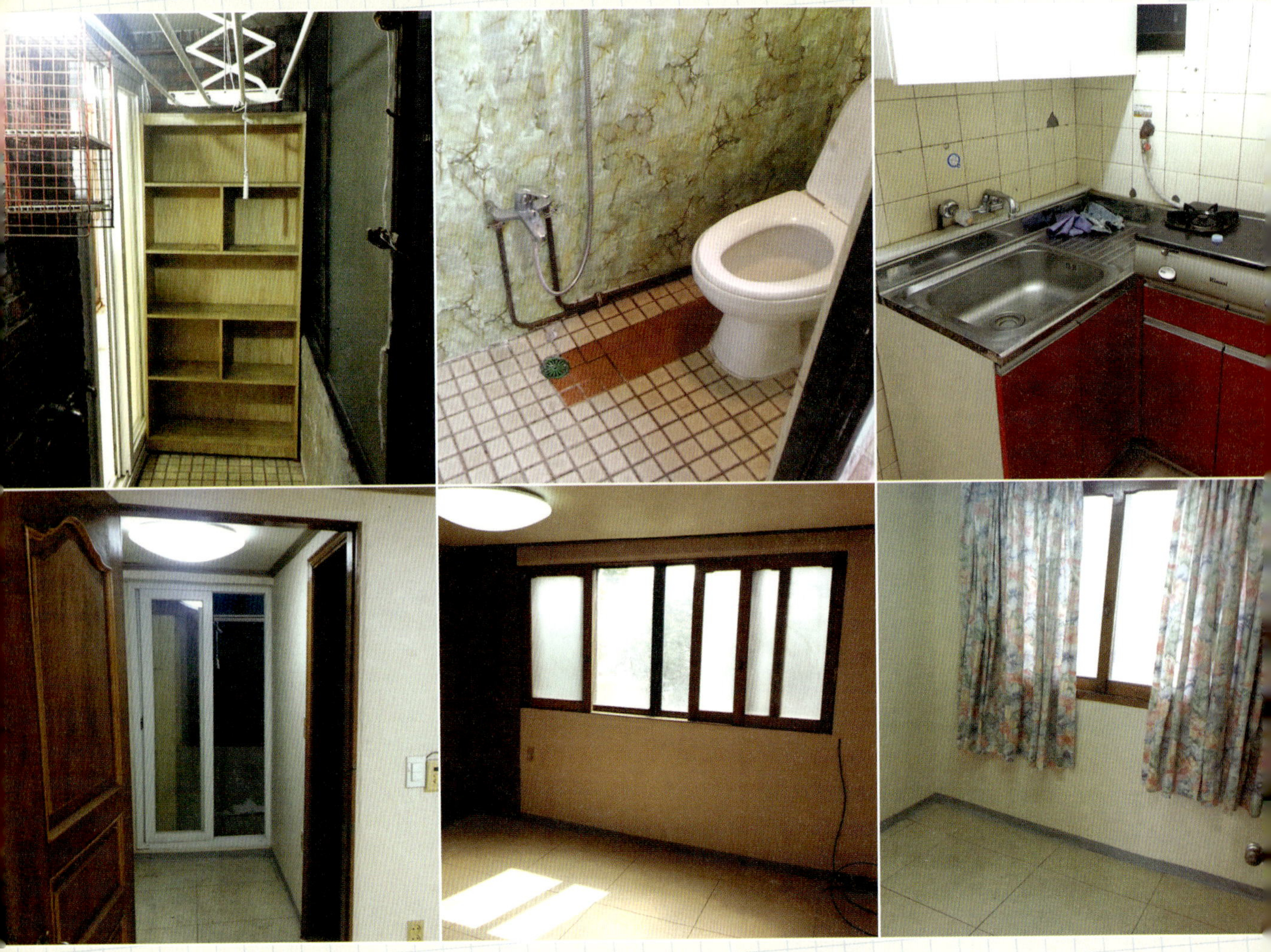

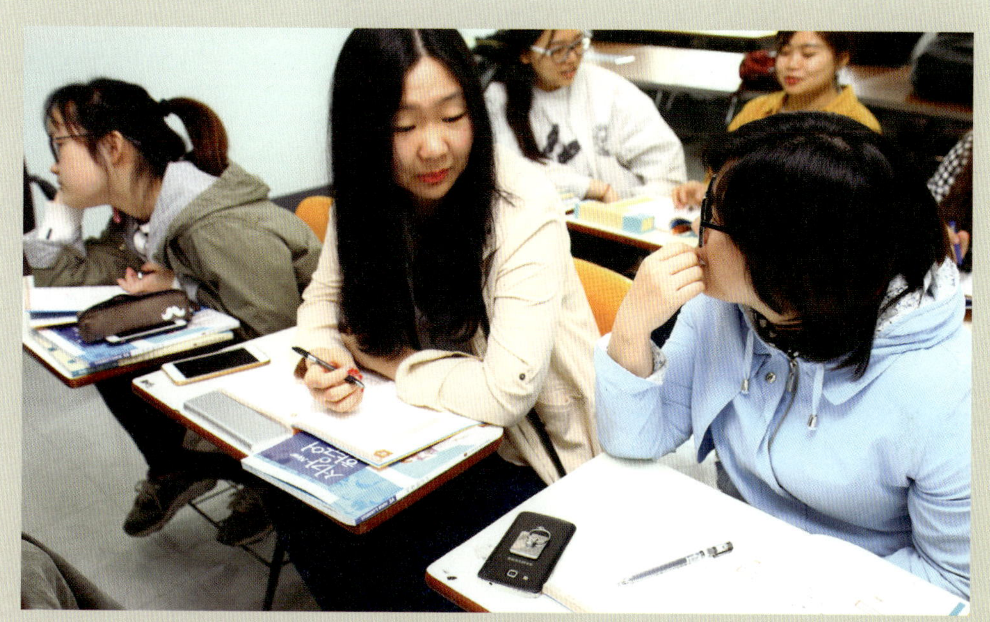

효려: 수지야, 오래간만이네. 그 동안 잘 지냈어?

수지: 응, 잘 지냈어. 정말 얼굴 못 본 지 한참 됐네. 너도 잘 지내?

효려: 응, 나도 잘 지냈는데 요새 고민거리 하나 생겼어.

수지: 그래? 무슨 일이라도 있어?

효려: 나는 곧 기숙사에서 나가야 해. 기숙사 신청을 했지만 잘 안 됐어.

수지: 그랬구나. 걱정되겠다.

효려: 학교와 가까운 곳에 집을 구하고 싶은데 어떻게 찾아야 할지 모르겠어.

수지: 집 종류가 다양해서 하숙을 구할 건지 아니면 고시원을 구할 건지 미리 생각해 봐야 될 것 같아. 보통 부동산 중개소를 통해서 알아보는데, 요새는 인터넷으로 찾는 사람도 많아졌어.

효려: 그러게. 어떤 집을 구해야 할지 막막하네.

수지: 천천히 생각해 봐. 맞다, 민호 선배가 학교 밖에서 사니까 한번 물어봐.

효려: 알겠어, 고마워.

효려: 민호 선배, 안녕하세요? 저 효려예요. 물어볼 게 있어서 전화드렸어요.

민호: 응, 무슨 일이야?

효려: 제가 학교 밖에서 방을 구하고 싶은데 어떤 집을 구해야 할지 몰라서 선배님한테 조언을 받고 싶어요.

민호: 집 종류는 많지. 내가 살고 있는 집은 원룸이지만 하숙, 고시원, 자취 등 다양한 주거 형태가 있어.

효려: 원룸이 뭐예요?

민호: 그러니까 방 하나에 침실, 부엌, 그리고 화장실이 포함되는 주거 형태인데, 혼자 요리하면서 자유롭게 살 수 있어.

효려: 그렇군요. 괜찮을 것 같지만 개학이 되면 요리를 직접 해 먹을 시간은 없을 것 같아요.

민호: 그렇구나. 게다가 여학생의 경우 혼자 사는 것이 위험할 수도 있어. 음, 그럼 하숙집을 구하는 것이 어때? 아주머니가 밥을 챙겨 주니까 편할 거야.

효려: 네, 좋을 것 같아요. 그럼 일단 학교 근처에 있는 하숙집을 알아봐야겠어요.

민호: 그래, 찾는 데 도움이 필요하면 언제든지 얘기해.

효려: 고마워요, 선배님.

새 어휘와 표현

- 고민거리: 烦心事
- 집을 구하다: 找房子
- 하숙: 寄宿
- 고시원: 考试院
- 부동산 중개소: 房地产中介所
- 막막하다: 【形】迷茫, 茫然
- 원룸: 单间
- 자취: 自炊, 自己做饭吃
- 주거 형태: 居住形态
- 침실: 卧室
- 부엌: 厨房
- 밥을 챙겨주다: 提供伙食

　한국의 대학은 일반적으로 외국인 학생들에게 기숙사에 들어가는 우선권을 준다. 그러나 서울권 대학은 학생수보다 기숙사 시설이 부족해서 성적순이나 학년순으로 입사생을 선발하는 경우도 있다. 대부분의 경우 입사생 중에 저학년 비율이 높고 학년이 올라갈수록 선정되기 어렵다. 기숙사 비용은 식권 포함 여부에 따라 다르다. 교내 기숙사는 편리하고 안전하지만 다른 학생들과 공동으로 방을 써야 하고 통금시간을 지켜야 되니까 자유롭지 못한 단점이 있다. 그래서 학교 밖에 방을 구하는 학생도 많이 있다.

　하숙이나 홈스테이는 한국인의 집에서 생활하는 주거 형태를 가리키는데 보통 개인 방 하나가 있고, 화장실은 집주인, 다른 하숙생과 같이 써야 한다. 하숙과 홈스테이의 가장 큰 장점은 식사를 제공해 주고(집세에 식사비 포함), 집주인과 소통할 수 있으며 한국인의 일상생활을 직접 체험할 수 있다는 것이다.

　원룸(자취)의 경우는 대부분 방을 혼자 사용하는데 집주인으로부터 독립되는 주거 형태이다. 자그마한 방 하나에 침대, 부엌 등 모든 부대시설이 들어간다. 그래서 스스로 요리하면서 생활할 수 있다. 자유롭게 살 수 있지만 공과금 및 쓰레기 처리 비용은 따로 지불해야 하고, 처음에 계약할 때 보증금을 지불해야 한다. 비용은 다른 주거 형태보다 비싸지만 환경은 쾌적하다.

　고시원(고시텔)은 원래 시험을 준비하는 장기 수험생들을 위한 주거 시설인데 단기로 빌릴 수도 있다. 다른 주거 시설보다 보증금 없이 입주할 수 있는 것이 장점이다. 가격에 따라 방 크기나 시설 조건이 다르다. 보통 방안에 창문과 샤워시설이 없는 방이 싸고 창문이 있고 샤워시설이 있는 방이 비싸다. 방음이 취약하고 공동 취사 시설을 사용하기 때문에 환경에 민감한 사람에게는 좋지 않다.

	특징	장점	단점
기숙사	• 보통 화장실이 딸린 4인실의 경우가 많다.	• 학교에서 거리가 가깝다. • 안전하다. • 식당 이용이 가능하다.	• 요리 불가하다. • 공동으로 방을 써야 한다. • 통금시간이 있다.
하숙/ 홈스테이	• 한국인의 집에 머물면서 숙식한다.	• 아주머니가 밥을 챙겨준다. • 한국인과 접촉할 수 있다.	• 친구들을 불러와 시끄럽게 하면 안 된다.
원룸	• 방 하나에 부엌, 화장실 등 시설이 포함된다.	• 밥을 해 먹을 수 있다. • 자유롭다.	• 공과금 및 쓰레기 처리 문제가 있다. • 비용 부담이 크다.
고시원	• 여러 개의 단칸방으로 되어 있다.	• 단기간 사용 가능하다. • 보증금 없다.	• 공동 시설을 사용해야 한다. • 방음 문제가 있다.

새 어휘와 표현

- 주거 시설: 居住设施
- 장단점: 优缺点
- 우선권: 优先权
- 서울권 대학: 首尔地区的大学
- 성적(학년)순: 成绩(学年)顺序
- 입사생을 선발하다: 选拔住宿生
- ~는 경우도 있다: 也有~的情况

- 선정되다: 【动】被选定
- 식권: 饭票
- 통금시간: 通禁时间, 宵禁时间
- 집세: 房租
- 부대시설: 附带设施
- 공과금: 公共费用
- 쓰레기 처리 비용: 垃圾处理费用

- 보증금: 保证金
- 방음이 취약하다: 隔音不好
- 접촉하다: 【动】接触
- 단칸방: 单间房

원하는 집을 찾아 봅시다.

여러분은 부동산 중개소에 가 본 적이 있어요? 아래 박스 안의 어휘들을 참조하여 자신이 원하는 숙소가 갖춰야 할 조건들을 적어보고 부동산 중개인에게 말해 보세요.

- 학교 주변
- 식사 포함
- 안전문제
- 도로와 붙어 있음
- 요리 가능
- 화장실 실내 포함
- 지하철역 근처
- 저렴한 가격
- 에어컨, 티비 있음
- 남녀 화장실 구분
- 한국인과 대화할 기회

중개인: 어떤 집을 찾으세요?

나: 저는 ____

★인터넷으로 방 찾기!

직접 부동산 소개소를 찾아가 집을 구하는 것이 가장 일반적이고 안전하지만, 최근 들어 온라인 중개소가 많아져 사람들이 컴퓨터나 핸드폰으로 쉽게 정보를 얻을 수 있게 되었다. 대표 웹사이트로는 '직방'이 있다. 이외에 '奋斗在韩国'과 '乐在韩国' 등 중국인 유학생을 위해 만들어진 웹사이트에서도 집 구하는 정보를 찾을 수 있다.

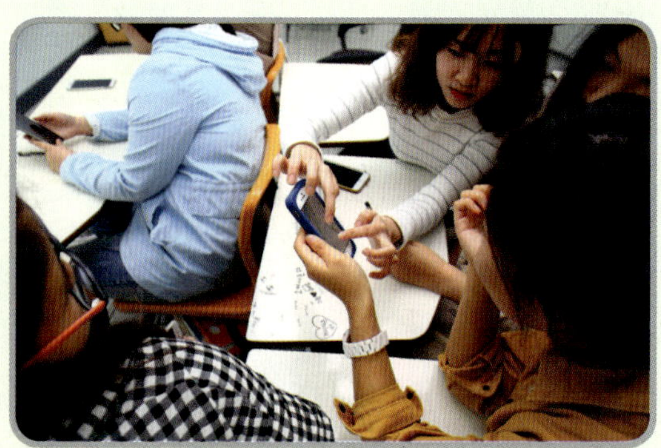

계약하기 전에 전기나 가스 요금, 물세, 관리비 등 공과금이 집세에 포함되는지 꼼꼼히 물어봐야 하고, 입주하는 데 필요한 절차, 인터넷 설치 방법에 대해서도 알아봐야 한다. 외국에서 사는 데 가장 중요한 것은 안전문제이기 때문에 집 찾을 때 신중히 생각해야 한다.

★ 전세란?

앞에서 소개한 주거 시설들은 주로 월세를 지불하는 방식으로 운영되는데, 한국에 장기간 거주할 계획이 있는 경우 전세집을 선택하는 경우도 많다. 전세는 남의 집을 빌려 쓰는 것인데 계약할 때 집주인에게 일정 금액의 보증금을 줘야 한다. 계약 기간은 보통 1~2년인데 계약이 끝나면 보증금을 돌려 받을 수 있다.

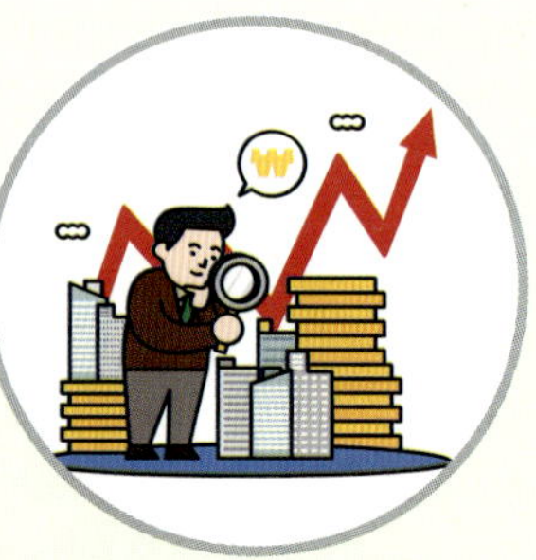

집 크기와 위치, 시설에 따라 전세금이 다르다. 보통 몇 천 만 원에서 몇 억 원까지 한다. 아무래도 집을 사는 것보다는 전세를 얻는 편이 저렴하기 때문에 한국 사람들은 전세를 선호해 왔다. 그러나 요즘에는 전세값이 점점 올라가기 때문에 사람들이 반전세로 방을 구하기도 한다.

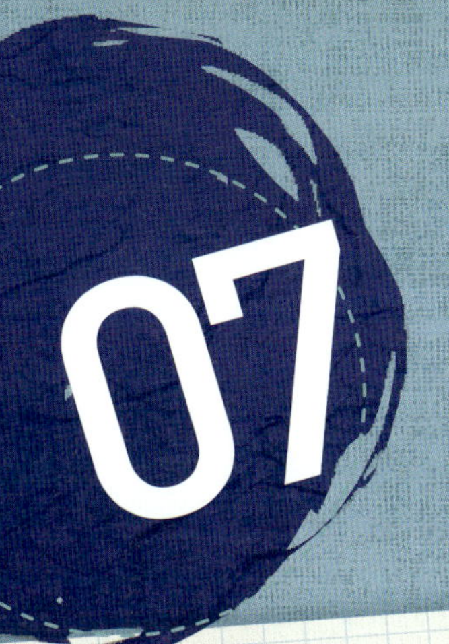

07 강의를 어떻게 들어야 하나요?

- 한국 대학에서의 수업 예절에 대해서 배운다.
- 한국 대학에서 강의를 듣는 데 주의해야 할 점들을 알아본다.

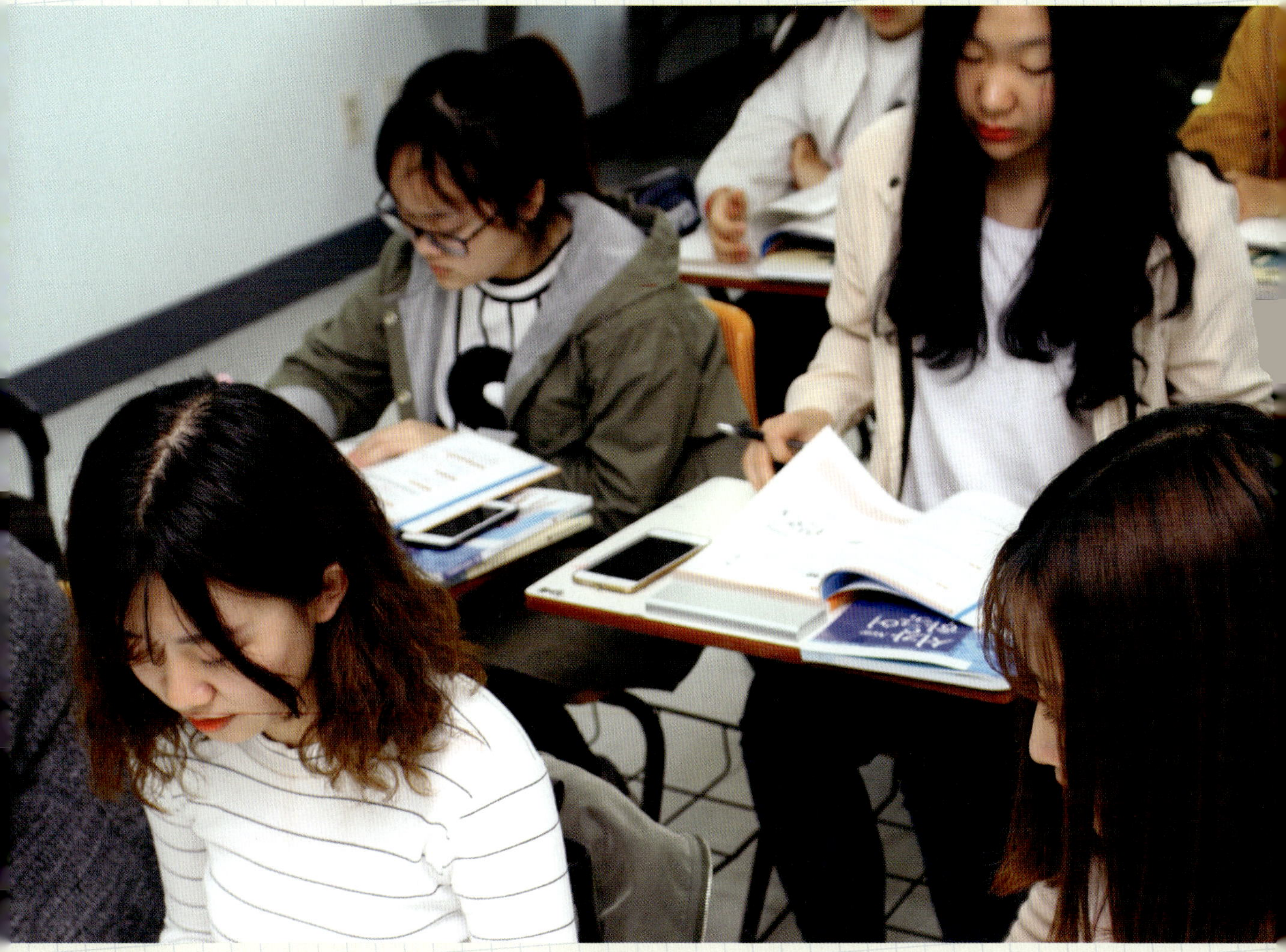

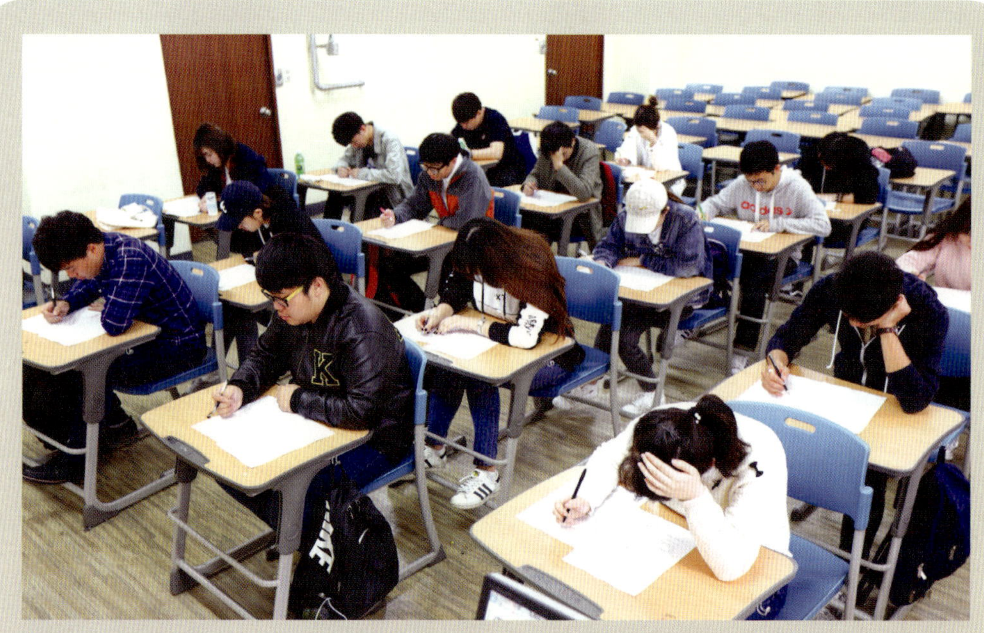

진위: 선배, 제가 한국 대학에서 강의 듣는 게 처음이라 긴장돼요. 혹시 주의해야 할 점이 있나요?

민호: 음… 외국인 학생의 경우, 보통 멘토 한 명 씩 정해주는 것 같아. 그러면 교수님의 말씀을 이해하지 못할 때 멘토에게 물어보면 되거든.

진위: 아, 멘토가 있으면 좋겠네요. 그리고 교수님, 학우들과 좋은 관계를 유지하려면 어떻게 해야 해요?

민호: 우선적으로 인사를 잘 해야 해. 그리고 교수님의 질문에 '네', '예'로 대답해야 하는데, 중국인 학생들이 습관적으로 '응'으로 대답하는 걸로 알고 있어.

진위: 맞아요, 저도 조심해야겠어요.

민호: 그리고 체육복을 입거나 슬리퍼를 신고 강의실에 들어가면 실례가 되니까 단정하게 입는 게 좋아.

진위: 네, 알겠어요.

진위: 효려 선배, 안녕하세요? 저 오늘 첫 강의를 들었어요.

효려: 그래? 첫 강의는 어땠어? 어렵지 않았어?

진위: 좀 어려웠어요. 교수님의 말씀을 많이 이해하지 못해서 좀 답답했어요.

효려: 나도 처음에는 힘들었어. 그래서 교수님의 허락을 받고 수업 내용을 녹음했어.

진위: 아, 저도 그렇게 해야겠어요. 그리고 학기 중에 발표를 한 두 번 정도 해야
될 것 같은데, 어떡하죠?

효려: 일단 자신의 주장을 효과적으로 전달하기 위해 PPT를 활용하는 것을 추천
해. 그리고 발표하기 전 미리 강의실에 와서 발표 자료를 설치해야 해.

진위: 네, 알겠습니다. 그런데 교수님께서 수업 자료를 다운로드 받아서 미리 읽어
오라고 하셨는데, 다운로드는 어디서 받아야 해요? '이 크라스'라고 들었던
것 같지만요.

효려: 아, 그건 이클래스(E-class)야. 홈페이지에 들어가면 맨 상단에 표시되어 있
어. 아이디(ID)와 비밀번호를 입력하면 교수님께서 올려 주신 자료를 다운로
드 받을 수 있어. 나중에 과제물도 거기에다 올려야 될 거야.

진위: 그렇군요, 선배님. 고맙습니다.

새 어휘와 표현

● 학우: 学友, 同学	● 단정하다: 【形】端庄	● PPT를 활용하다: 运用PPT
● 관계를 유지하다: 维持关系	● 허락을 받다: 得到允许	● 설치하다: 【动】安装
● 인사를 잘 하다: 打招呼有礼貌	● 녹음하다: 【动】录音	● 다운로드 받다: 下载
● 습관적: 习惯性的	● 발표: 发表	● 아이디(ID): 账号
● 조심하다: 【动】小心	● 주장: 主张, 见解	● 비밀번호: 密码
● 체육복: 运动服	● 효과적: 有效的	● 입력하다: 【动】输入
● 슬리퍼: 拖鞋	● 전달하다: 【动】传达	● 과제물을 올리다: 上传作业

　중국대학과 한국대학은 공통점이 많지만 차이점도 제법 많습니다. 우선, 중국대학은 주로 교수들이 강의하는 방식으로 진행되는데, 한국대학의 수업은 교수의 강의도 있지만 학생들이 수업 내용에 대해서 발표하는 경우도 많습니다. 그래서 수업에 능동적으로 참여하는 것이 중요합니다.

　발표는 개인 발표와 팀 발표가 있는데, 개인 발표의 경우 교수가 제시한 주제에 대해 예습하고 그 주요 내용을 요약해서 다른 학생들과 교수 앞에서 소개하는 것입니다. 발표가 끝나고 교수나 다른 학생들이 질문할 수도 있으니 발표 준비를 꼼꼼히 해야 합니다. 팀 발표의 경우는 보통 한국 학생들과 팀을 짜 각자의 역할을 분담해서 공동으로 발표를 준비합니다. 나중에 학생 한 두 명을 팀 대표로 정하여 발표하면 됩니다. 팀 발표의 경우 다른 팀원들과의 소통과 협력, 즉 '팀워크(teamwork)' 정신이 필요한데 자신의 주장을 밝히는 것도 중요하지만 남의 의견에도 귀를 기울여야 하고 존중해야 합니다.

　교수의 수업 자료와 학생들의 발표 자료는 '이클래스(아래 그림)' 등에서 다운로드 받을 수 있습니다. 자료를 신속하게 공유할 수 있도록 한국 대학에서는 온라인 수단을 이용하는 것이 일반화되어 있습니다. 올라온 수업 자료를 개인적으로 공부하고 의문을 가지고 수업에 참여하는 것이 좋습니다.

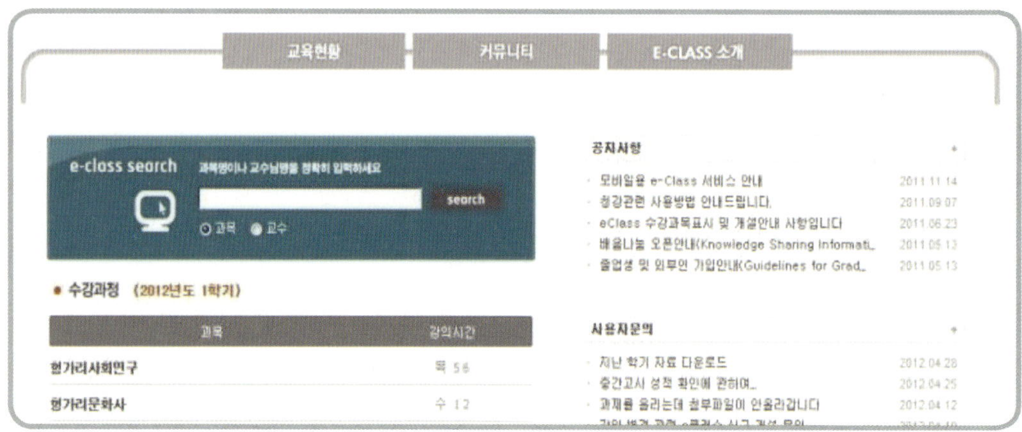

〈외국어대학 이클래스〉

　교수에 따라 요구가 다르지만 대부분의 강의에서는 한 학기에 한 두 번 리포트를 제출합니다. 리포트는 교수가 주제를 주면 그 주제에 대해서 조사하고 연구한 후 글을 써서 보고하는 것입니다. 리포트를 작성할 때 일정한 형식을 갖춰야 하는데 교수의 요구에 따르거나 한국 학생들의 리포트 형식을 본보기로 해서 작성하면 됩니다.

　발표, 리포트 점수와 같이 출석률, 수업 참여도 또한 최종 성적에 반영됩니다. 그래서 출석을 잘 해야 하고 수업에 적극적으로 참여해야 합니다. 한국어가 서투르다고 해서 수업 시간에 입을 꾹 다물고 있지 말고 자신 있게 대답하는 자세가 필요합니다.

새 어휘와 표현

- 공통점: 共同点
- 차이점: 不同点
- 수업에 참여하다: 参与课堂
- 능동적: 主动的, 积极的
- 개인 발표: 个人发表
- 팀 발표: 小组发表
- 제시하다: 【动】给出
- 내용을 요약하다: 概括内容
- 팀을 짜다: 组队
- 각자: 各自
- 역할을 분담하다: 分担角色
- 정하다: 【动】确定
- 주장을 밝히다: 表明主张
- 귀를 기울이다: 倾听
- 자료를 공유하다: 共享资料
- 신속하다: 【形】迅速
- 일반화되다: 【动】普遍化
- 리포트를 제출하다: 提交报告
- 일정하다: 【形】一定的, 固定的
- 형식을 갖추다: 采取形式
- 본보기: 样板
- 출석률: 出勤率
- 수업 참여도: 课堂参与度
- 반영되다: 【动】反映
- 입을 꼭 다물다: 紧闭嘴, 一言不发

한국의 대학에서 리포트를 잘 작성하는 것은 대학생이 갖추어야 할 중요한 능력으로서 평가를 받는 데에도 영향을 미칩니다. 리포트의 표지와 목차 작성의 예를 살펴 봅시다.

1 표지 만들기

제목: 리포트 작성의 핵심 요소

수강과목: 글쓰기

담당교수: 홍길동

학번: 20160001

이름: 소미

전공: 한국학과

제출일: 2016년 5월 2일

2 목차 만들기

Ⅰ. 서론

Ⅱ. 대상에 대한 분석과 새로운 발견
　1. 연구 대상에 대한 분석
　2. 연구 대상에 대한 새로운 발견

Ⅲ. 내용에 대한 정확하고 쉬운 표현
　1. 발견한 내용을 정확하게 표현하기
　2. 독자의 수준에 맞게 표현하기

Ⅳ. 결론

〈참고 문헌〉

　한국 사람들이 많이 사용하는 공공도서관으로 국립중앙도서관(WWW.NL.GO.KR)과 국회도서관(WWW.NANET.GO.KR)이 있습니다. 오래 전에 발간된 신문 자료나 책은 거의 디지털화해서 온라인으로 볼 수 있게끔 만들어 놓았습니다. 요즘 책은 직접 도서관을 방문하여 필요한 정보를 찾을 수 있습니다. 외국인 등록증이나 여권으로 1일 이용증을 만들어 당일 하루 자료를 빌려서 볼 수 있습니다. 그러나 도서관 밖에서 이용할 수 없습니다. 대신 자료에 대한 부분적인 복사가 가능하도록 복사기가 마련되어 있습니다. 도서관을 이용하고 나서 이용증을 반납하면 됩니다.

　그리고 인터넷을 이용해서 한국교육학술정보원(HTTP://WWW.RISS.KR/INDEX.DO), 한국학술정보(KISS.KSTUDY.COM) 등 사이트에서 논문 다운로드를 받을 수도 있습니다. 일반적으로 대학 도서관에서 무료로 이용할 수 있습니다. 중국어 자료는 보통 万方数据(HTTP://G.WANFANGDATA.COM.HK/), 中国知网(HTTP://WWW.CNKI.NET)에서 찾을 수 있습니다.

　발표나 리포트 작성을 위해 자료를 인용할 때에는 반드시 출처를 밝혀야 합니다. 그렇지 않으면 표절 검색 시스템에 걸려 F 학점을 받을 수도 있습니다. 문헌의 원문을 그대로 인용하는 부분에 대해서 큰 따옴표(" ")로 표시해야 합니다. 그리고 번역기에 지나치게 의지하면 말이 안 되는 문장이 나오기가 십상이니 자신이 하고 싶은 표현을 스스로 써 보려는 노력이 중요합니다.

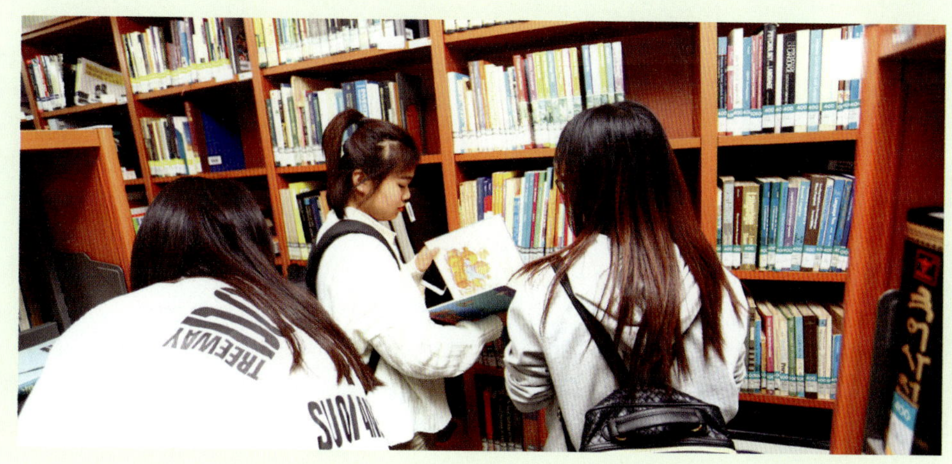

분실물을 찾으려면 어떻게 해야 해요?

학습목표

- 잃어버린 물건을 찾는 방법에 대해 안다.
- 한국에서 물건을 잃어버렸을 때의 대처 요령에 대해 배우고 익힌다.

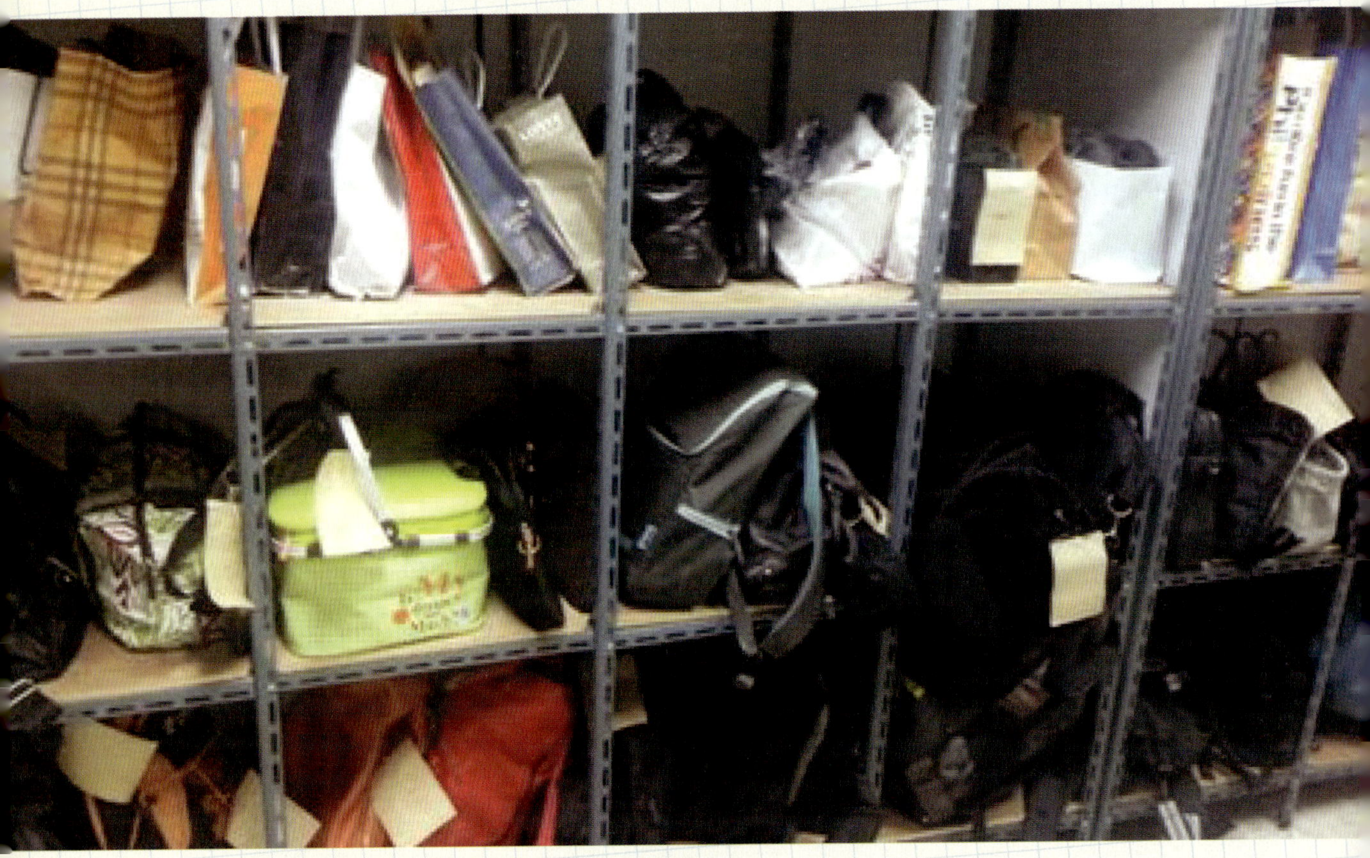

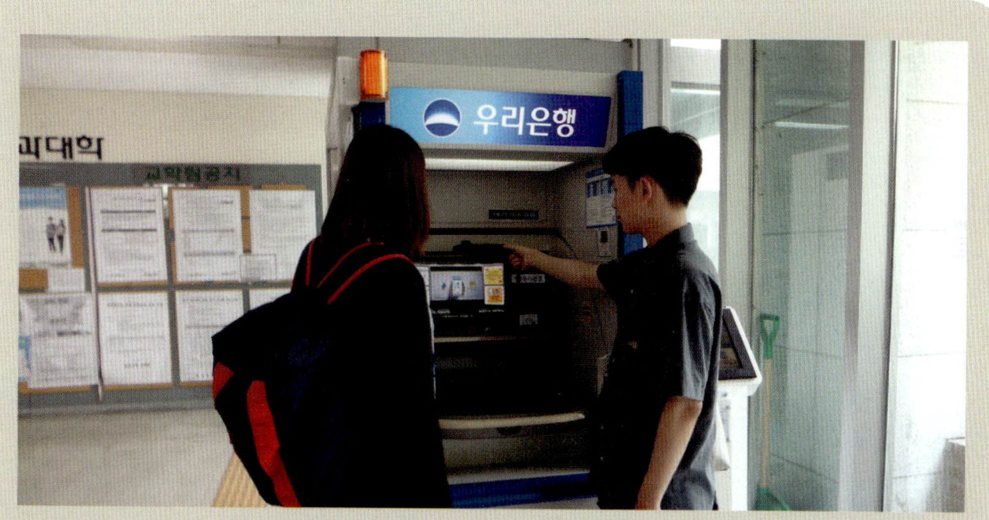

진위: 선배! 여기예요.

효려: 진위야, 오랜만이다. 그 동안 잘 지냈지? 참, 그때 발표는 어떻게 되었어?

진위: 선배 덕분에 발표를 잘할 수 있었어요. 그래서 오늘 제가 선배에게 한턱내려
고요. 뭐 드실래요?

효려: 정말? 지갑을 두둑하게 챙겨 오고 하는 말이지.

진위: 그럼요, 제 지갑 안을 보시면…, 어? 내 지갑이 어디 갔지?

효려: 왜 그래? 지갑이 없어? 잘 찾아 봐.

진위: 학생회관 에이티엠기(ATM) 위에 두고 왔나 봐요.
선배, 죄송하지만 학생회관에 갔다 올게요.

효려: 같이 가자. 혹시 거기에도 지갑이 없으면 경비실에 가는 것이 더 좋을 거야.
네 지갑을 주운 사람이 경비실에 맡겼을 수도 있어.

위신: 형! 제가 좀 늦었죠? 여기 오는 길에 가방을 잃어버렸어요.

진위: 가방을 잃어버렸다고? 어디에서 잃어버렸어?

나도 엊그제 학교에서 지갑을 잃어버렸는데 다행히 찾았거든.

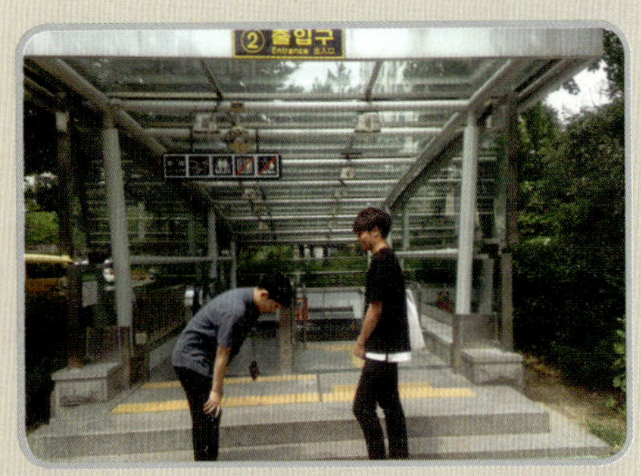

위신: 가방을 지하철 선반 위에 놓은 걸 깜박했어요. 지하철에서 내리고 나서 가방이 생각났어요. 가방 안에 소중한 물건들이 들어 있는데 어떻게 하면 좋을지 모르겠어요.

진위: 지하철에서 잃어버린 물건을 찾으려면 유실물 센터에 연락하는 거라고 들었어. 그런데 지하철에 물건을 두고 내린 지 얼마 안 되었을 때에는 그 지하철의 종착역에 전화해 보라고 하더라.

위신: 그럼 시간이 얼마 안 지났으니까 일단 종착역에 전화해 보는 게 낫겠네요.

진위: 내 생각도 그게 좋을 것 같아. 내가 종착역 전화번호를 찾아볼게.

새 어휘와 표현

- 캠퍼스(campus): 校园
- 한턱내다: 【动】请客
- 두둑하다: 【形】厚厚的, 丰厚的
- 챙기다: 【动】准备好
- 학생회관: 学生会馆
- ATM(automated teller machine): 自动取款机
- 두다: 【动】放, 搁
- 혹시: 【副】或许

- 경비실: 警卫室
- 줍다: 【动】拾取, 捡
- 맡기다: 【动】存放, 托付
- 입구: 入口
- 잃어버리다: 【动】丢失
- 엊그제: 【副】前天
- 다행히: 【副】幸好
- 선반: (放东西的)搁板

- 깜박하다: 【动】忘记
- 소중하다: 【形】珍贵
- 유실물 센터: 失物招领处
- 일단: 【副】先, 一旦
- 종착역: 终点站

지하철에서 물건을 잃어버린 것을 바로 알게 된 경우에는 역무실에 찾아가서 신고하면 됩니다. 이때 지하철의 열차번호, 지하철이 역을 지난 시간과 내린 위치를 알면 잃어버린 물건을 더 쉽게 찾을 수 있습니다. 이와 달리 지하철에서 물건을 잃어버린 것을 뒤늦게 안 경우에는 서울메트로 홈페이지 '유실물 찾기'에 접속하면 됩니다. 여기에서 접수된 유실물 현황을 사진과 함께 확인할 수 있습니다. 유실물 센터 이용 시간은 평일에는 오전 7시부터 오후 10시까지이며 주말이나 공휴일, 이용 시간 외에는 유실물 센터가 있는 역의 역무실로 연락해야 합니다.

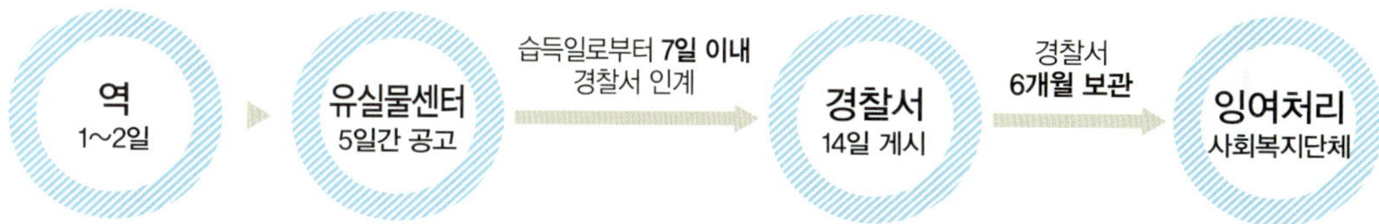

지하철에서 잃어버린 물건은 유실물 센터로 옮겨지면 7일 동안 보관되는데, 그 중 5일은 홈페이지에서도 볼 수 있습니다. 그러나 일주일 안에 그 물건을 찾는 사람이 없으면 경찰서로 옮겨지게 되고, 거기에서는 6개월 동안 보관하며 그 중 14일 동안 홈페이지를 통해 그 물건에 대해 알려 줍니다. 경찰서에서도 잃어버린 물건을 찾는 사람이 없을 경우 그 물건은 버려지거나 사회복지단체로 넘어가게 됩니다.

〈출처: 서울 메트로(http://www.seoulmetro.co.kr/page.action?mCode=A010050000&cidx=21)〉

새 어휘와 표현

- 역무실: 车站办事处
- 신고하다: 【动】申报
- 열차번호: 列车号
- 위치: 位置
- 뒤늦다: 【形】晚, 迟
- 접속하다: 【动】登录

- 접수되다: 【动】接收
- 현황: 現状
- 평일: 平日, 工作日
- 공휴일: 公休日
- 보관되다: 【动】保管
- 옮기다: 【动】移动

- 알리다: 【动】通知, 告知
- 버려지다: 【动】被丢弃
- 사회복지단체: 社会福利团体
- 넘어가다: 【动】转到

여러분은 물건 또는 동물을 잃어버린 적이 있어요? **[보기]**와 같은 글을 써 보세요.

[보기]

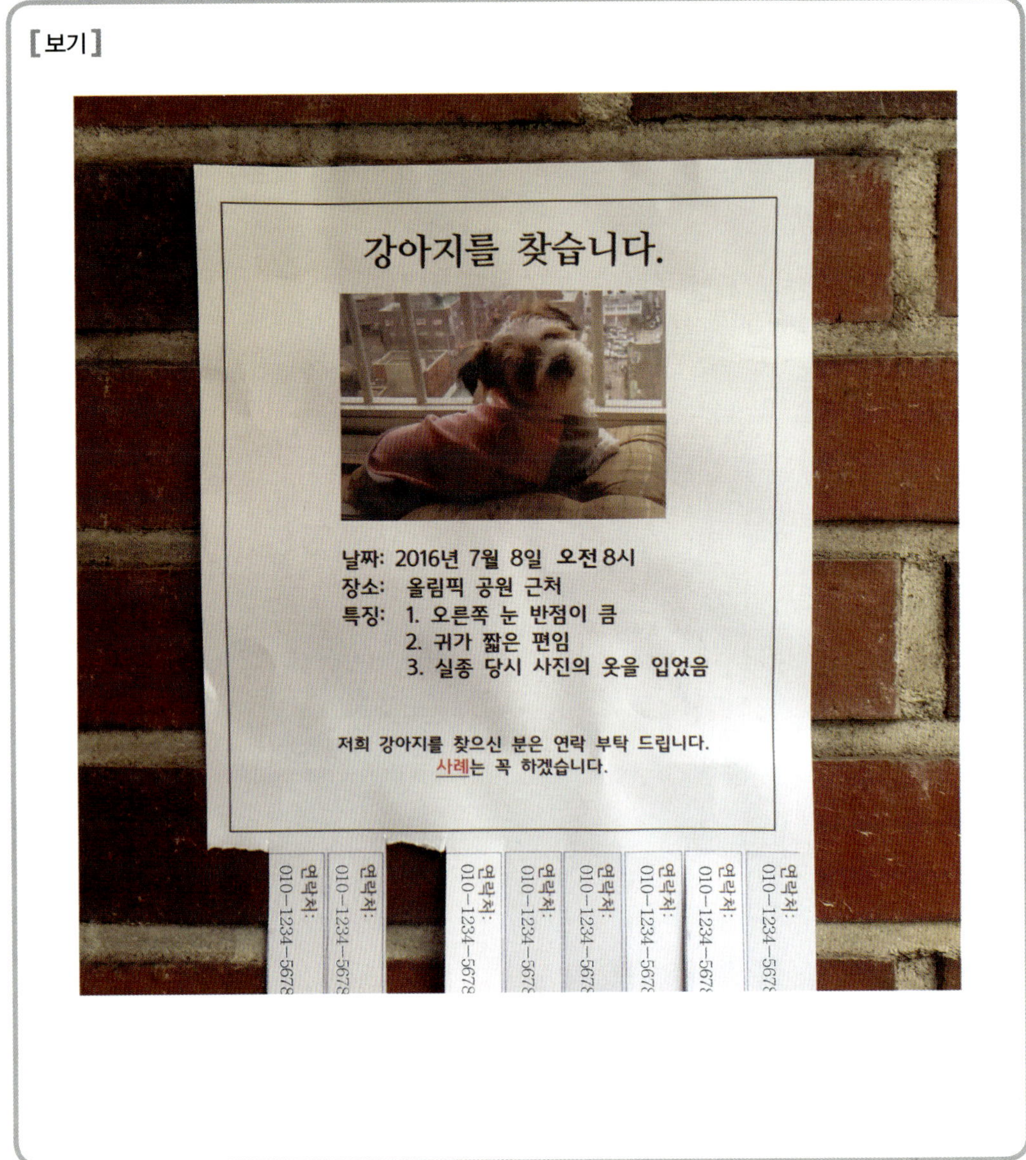

_______________________________ 을/를 찾습니다.

〈찾는 물건이나 동물의 사진 또는 그림〉

• 날짜:
• 장소:
• 특징:

• 연락처:

_______________________ 을/를 찾으신 분은 연락 부탁 드립니다. 사례는 꼭 하겠습니다.

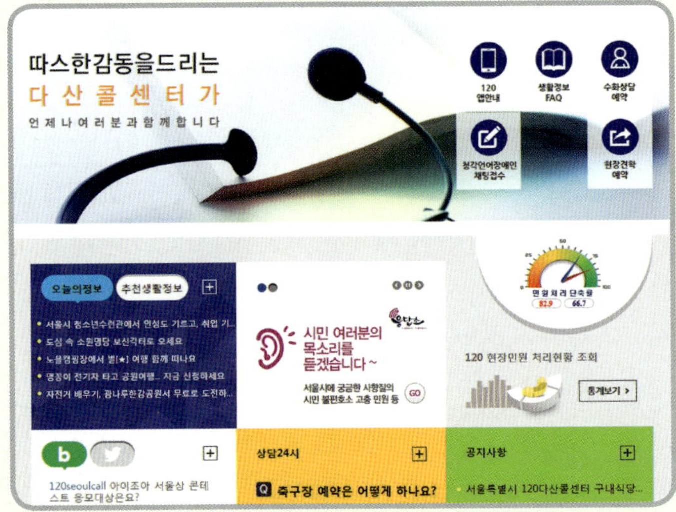

〈120 다산콜센터 홈페이지 사진〉

　제가 한국에 온 지 얼마 안 되었을 때 친구와 놀이공원에 간 적이 있었어요. 한국어가 서툴러서 한국어로 듣고 말하고 읽고 쓰는 것이 자유롭지 못해, 비용이 많이 들지만 택시를 타고 놀이공원에 갔어요. 놀이공원에서 놀 생각으로 저와 제 친구는 마냥 신이 났어요. 그러다가 우리는 택시에서 급하게 내리는 바람에 카메라를 두고 내렸어요. 그 카메라는 제가 아르바이트를 해서 번 돈으로 산 것이어서 너무 속상했어요.

　저는 당황해서 어떻게 해야 하는지 모르고 있었는데, 친구가 한국어 선생님께 전화를 해서 도움을 구했어요. 선생님께서는 먼저 우리에게 택시 번호를 아는지와 근처에 경찰서가 있는지를 물어보셨어요. 우리가 잘 모르겠다고 하니까 120 다산콜센터(http://120dasan. seoul.go.kr/)로 전화하라고 하셨어요. 국번 없이 120으로 전화해서 9번을 누르면 외국어로 안내를 받을 수 있다고 하셨어요. 영어, 중국어, 일본어, 베트남어, 몽골어로 상담을 받을 수 있고 중국어는 2번을 누르면 된다고 하셨어요.

　우리는 120 다산콜센터에 전화해서 택시에서 내린 시간과 위치를 말하고 카메라를 찾을 수 있었어요. 이 일을 경험한 후에 저는 택시를 탈 때 택시 번호를 메모하는 습관이 생겼어요. 여러분도 택시나 버스, 지하철을 이용할 때 그 번호와 내린 시간을 기억해 두면 잃어버린 물건을 더 쉽게 찾을 수 있을 거예요.

09 술을 마실 때 고개를 돌린다고요?

- 한국인의 기본 주도에 대해 안다.
- 한국인의 술자리 문화에 대해 안다.

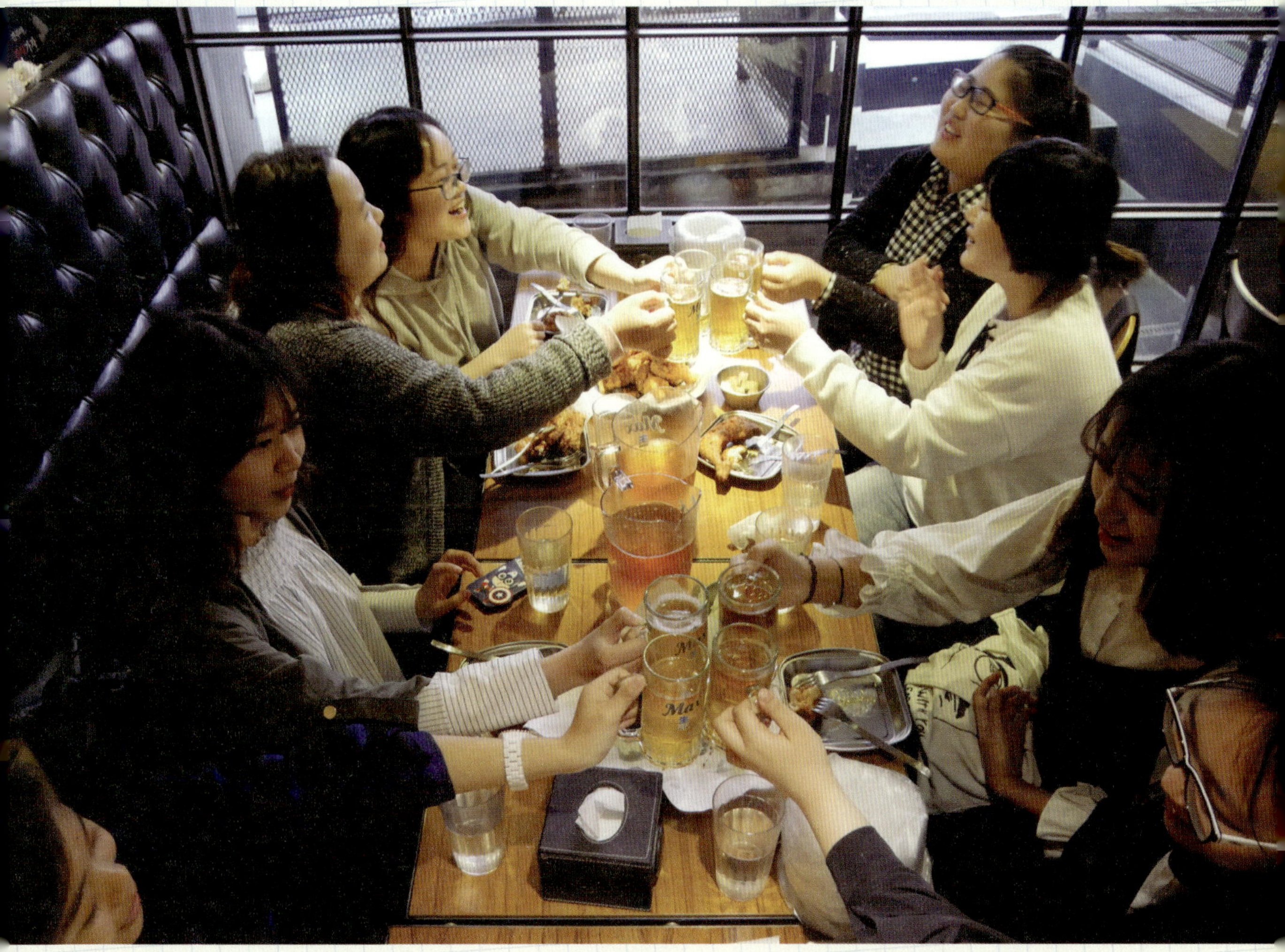

효려: 오늘 너무 덥다. 시원하게 치맥 한 잔 하고 싶다.

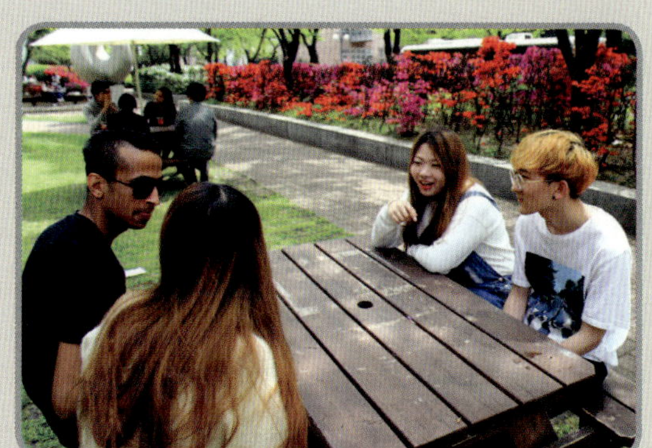

민호: 와~ 효려는 치맥도 알아? 한국문화에 완전히 적응했구나.

효려: 오빠, 이 정도 가지고 뭘 그래요. 요즘 중국 사람도 치맥은 다 알아요.

진위: 치맥이 뭐예요? 난 잘 모르겠어요.

민호: 치맥은 치킨과 맥주의 줄임말이야. 한국 사람들이 즐겨 먹는 안주인 치킨과 맥주를 합쳐서 부르는 말이지.

효려: 선배, 우리 더운데 한잔하면서 얘기하면 안 돼요?

민호: 그래, 오늘은 불금이니까 한잔하러 가 볼까?

진위: 불……금이요? 그거 맥주 이름인가요?

효려: 바보야! '불타는 금요일'의 줄임말이야. 너는 TV도 안 보니? 예능 프로그램에서 자주 쓰는 말이잖아.

민호: 효려는 진위에게 항상 엄격하구나. 혹시 진위에게 마음이 있는 거 아냐?

효려·진위: 선배!

진위: 맥주집에 사람이 정말 많네요. 한국 사람들은 전부 치맥을 좋아하나 봐요.

민호: 하하하. 오늘은 금요일이라서 그래. 물론 한국 사람들이 치킨과 맥주를 좋아하기는 하지만 한국을 대표하는 술은 소주야.

효려: 소주는 전에 친구들이랑 마셔 봤는데 쓰기만 하고 별로 맛이 없었어요. 거두절미하고 빨리 맥주랑 치킨부터 시켜요.

민호: 그래 나도 마침 배가 많이 고프다. 사장님 여기요! 메뉴판 좀 주세요.

(잠시 후)

효려: 진위야, 너 민호 선배랑 처음 술 마시는데 고개 좀 돌리고 마셔.

진위: 응? 고개를 돌리고 마시라고? 왜?

효려: 한국에서는 너보다 나이 많은 사람과 술을 마실 때 고개를 돌리고 마셔야 돼.

민호: 효려는 주도를 잘 배웠구나. 한국에서는 자기보다 나이가 많은 사람 앞에서는 고개를 돌림으로써 술을 마시는 모습을 보이지 않는 것이 술자리 예절이야.

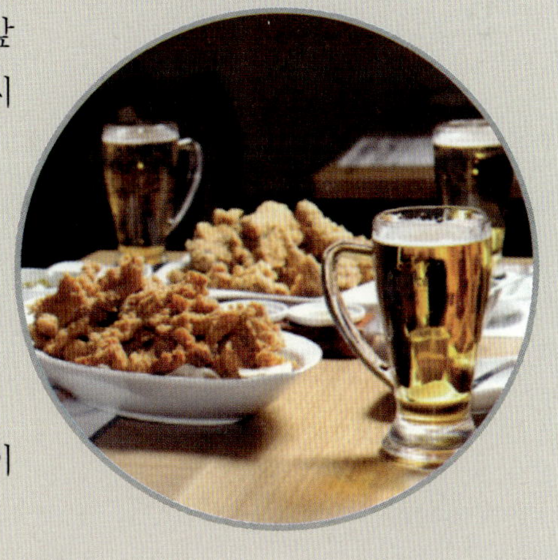

효려: 그리고 진위 너는 나한테 술을 받을 때 두 손으로 받아야 해.

진위: 왜 술을 두 손으로 받아? 맥주잔이 무거워서 그런가?

민호: 하하하. 맥주잔이 무겁기는 하지만 그것 때문은 아니야. 한국의 주도 중에 하나인데 자기보다 나이가 많은 사람에게는 두 손으로 술을 받거나 따르는 것이 예의야.

진위: 고개를 돌려서 마셔야 하고 술도 두 손으로 따라야 하고 한국에서 술 마시는 것은 참 힘든 것 같아요. 그런데 옆자리의 저 사람들은 왜 저렇게 시끄러워요?

민호: 저건 '파도타기'라고 하는데 일종의 단결을 확인하는 놀이야.

진위: 와! 재미있겠다. 우리도 파도타기 할까요?

새 어휘와 표현

- 주도: 酒道
- 술자리 문화: 酒桌文化
- 잔디밭: 草地
- 치맥: 炸鸡啤酒
- 줄임말: 简称
- 즐겨 먹다: 喜欢吃
- 안주: 下酒菜
- 소주: 烧酒
- 거두절미: 截头去尾
- 메뉴판: 菜单
- 고개를 돌리다: 转头
- 단결: 团结
- 놀이: 游戏

　　한국 사람들은 술자리에서 여러 가지 놀이를 합니다. 그 중에 가장 흥겨울 때 하는 것이 바로 파도타기입니다. 바다의 파도가 쉬지 않고 이어지는 것처럼 술자리에 있는 사람들이 순서대로 술을 이어서 마시는 놀이입니다. 모두가 함께 하려는 한국인의 공동체 문화가 반영된 것이라고 할 수 있는데, 이때 술을 한 번에 마시는 행위를 '원샷'이라고 합니다. 술을 한 번에 마시는 습관은 '첨잔'을 금기하는 것에서 생겼습니다. 첨잔은 술을 다 비우지 않은 잔에 다시 술을 따르는 것으로 한국에서는 이것을 매우 예의에 벗어나는 행동으로 생각합니다.

　　한편 한국 사람들은 술 마시는 장소를 옮길 때마다 차례를 붙여서 '1차', '2차' 등으로 구분합니다. 선배나 직장상사와의 술자리에서는 끝까지 같이 있는 것이 예의라고 생각하기 때문에 따라가지 않을 경우에는 서로 친해지기 어렵습니다. 그리고 상대방과 친근함을 표현할 때 "우리는 4차까지 간 사이야"라고 말하기도 합니다. 마지막으로 혼자서 술을 따라 마시는 '자작' 역시 매우 금기하는 행동입니다. 보통 옆에 있는 사람이나 맞은편에 있는 사람이 술을 따라 주는 것이 예의입니다.

새 어휘와 표현

- 공동체 문화: 共同体文化
- 잇다: 【动】连接
- 행위: 行为
- 원샷: 一口闷
- 첨잔: 添杯
- 금기시하다: 【动】禁忌
- 술(잔)을 비우다: 清空杯中的酒
- 술을 따르다: 倒酒, 斟酒
- 예의에 벗어나다: 违背礼仪
- 장소를 옮기다: 换地方
- 차례: 次序
- 구분하다: 【动】区分
- 직장상사: 职场上司
- 친근함: 亲近
- 자작: 自斟自饮

술자리 놀이를 알아봅시다.

친구들과 할 수 있는 한국의 술자리 놀이를 배워 봅시다.

○ 눈치게임

(1) 시작하는 사람이 "눈치게임 시작"이라고 외치며 1을 말한다.

(2) 차례대로 서로의 눈치를 보며 다음 숫자를 말한다.

(3) 숫자를 중복되게 부르거나 마지막까지 숫자를 부르지 못한 사람이 벌칙을 받는다.

○ 연상게임(이미지게임)

(1) 손가락을 모두 편다.

(2) 시작하는 사람은 일정한 조건을 제시한다. (예시: 모자 쓴 사람 손가락 접어)

(3) 조건에 해당하는 사람은 손가락을 접는다.

(4) 차례대로 조건을 말하고 손가락이 다 접힌 사람은 벌칙을 받는다.

○ 자음놀이

(1) 시작하는 사람은 자음 두 개를 말한다. (예시: ㄱㅂ)

(2) 나머지 사람들은 그 자음에 맞는 단어를 말한다. (예시: 가방)

(3) 마지막에 남은 사람이 벌칙을 받는다.

○ 업앤다운(위아래)

(1) 술래가 소주 뚜껑 안에 있는 번호(1~50)를 확인하고 번호를 가린다.

(2) 차례대로 1~50까지 번호를 아무거나 부르고 그것보다 높으면 다운 낮으면 업이라고 말한다.

(3) 번호를 맞힌 사람이 벌칙을 받는다.

○ 초성놀이

(1) 시작하는 사람은 자음 두 개를 말한다. (예시: ㄱㅂ)

(2) 나머지 사람들은 그 자음에 맞는 단어를 말한다. (예시: 가방)

(3) 마지막에 남은 사람이 벌칙을 받는다.

술잔 권하기

- 첫 술잔은 윗사람에게 먼저 권한다.
- "한잔 올리겠습니다."라고 여쭙고, 승낙을 받은 다음 잔을 채워드린다.
- 좌식테이블인 경우, 양쪽 무릎을 꿇거나, 왼쪽 무릎을 꿇고 오른쪽 무릎을 세운다.
- 테이블 의자인 경우 선 자세에서 목례하듯 살짝 기울인다. (15° 정도)

술 따르기

- 〈주전자〉 오른손은 손잡이를 잡고 왼손은 뚜껑을 살짝 누른다.
- 〈병〉 오른손은 병의 중간 부분을 잡고 왼손은 오른쪽 팔목을 받친다.
- 좌석이 먼 경우 왼손을 오른쪽 가슴에 살짝 대고 따른다.
- 술잔의 80% 정도 채우는 것이 무난하다.

술잔 받기

- 두 손으로 받거나 자리가 먼 경우 왼손을 오른쪽 가슴에 댄다.
- 목례하듯 살짝 숙이며 감사의 뜻을 표한다.
- 술을 안 마시더라도 술잔을 입에 대고 내려놓는 것이 예의다.
- 윗사람의 술잔보다 높게 들지 않는다.

술 마시기

- 윗 사람 앞에서는 상체와 고개를 돌려 소리가 나지 않도록 마신다.
- 윗사람보다 먼저 잔을 내려놓는 일은 실례다.
- 첨잔은 예의가 아니다.

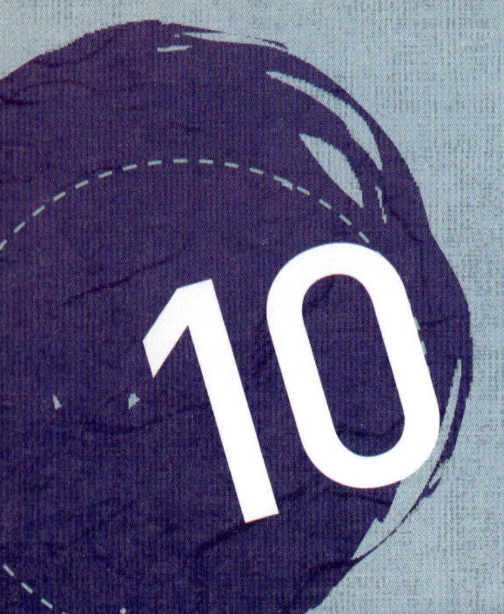

10 쓰레기 분리수거를 어떻게 해요?

- 한국의 쓰레기 분리수거 제도와 재활용 효과에 대해 알아본다.
- 쓰레기 분리수거의 방법에 대해 배우고 실천해 본다.

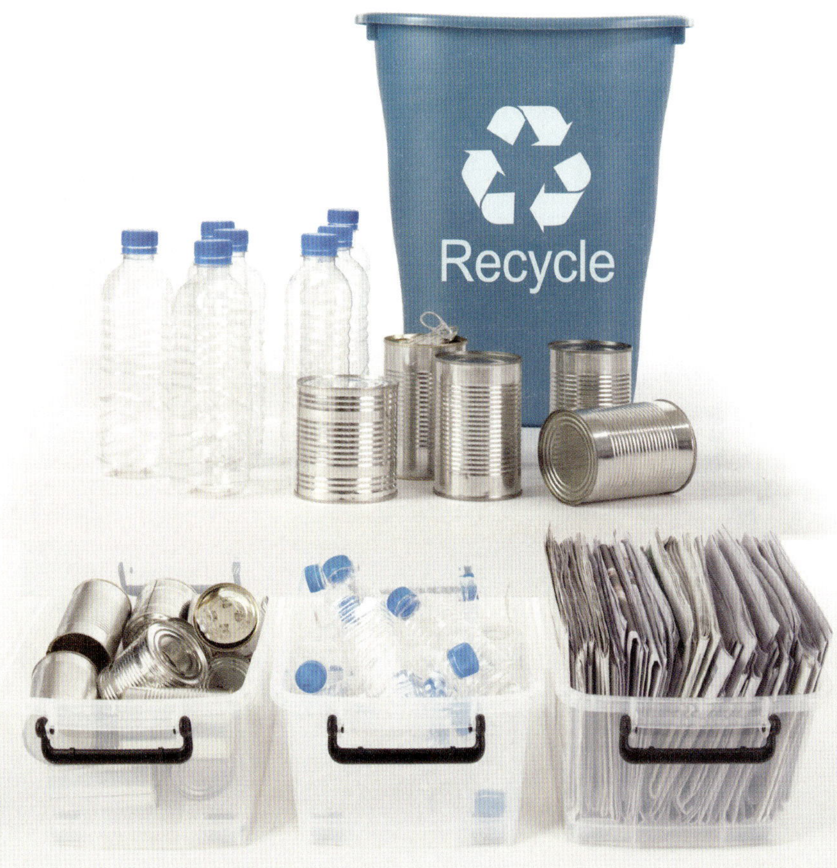

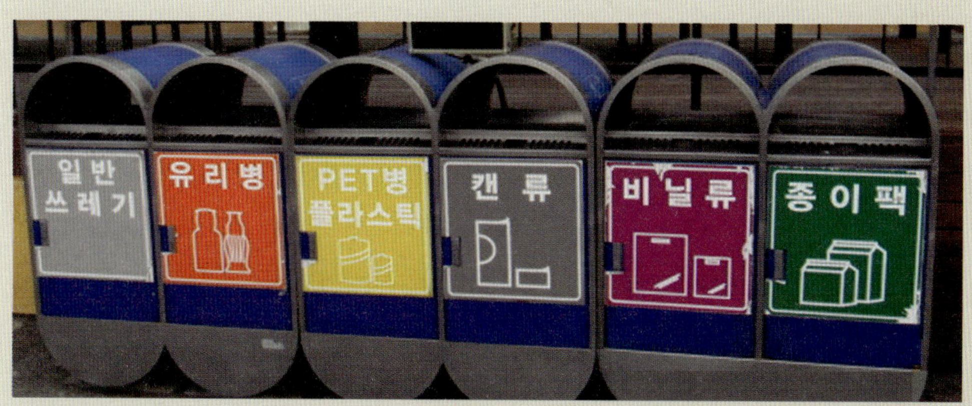

수지: 효려야, 우리 동네까지 잘 찾아왔네. 오는 데 힘들었지?

효려: 아니야, 학교에서 지하철 2호선을 타고 바로 왔어. 생각보다 멀지는 않았어. 근데, 수지야, 이 쓰레기통들이 왜 여기에 놓여 있는 거야?

(효려는 나란히 놓여 있는 큰 통들을 가리키면서 물었다. 각 통에는 "종이", "유리병", "플라스틱" 등 아래와 같은 마크들이 적혀 있다.)

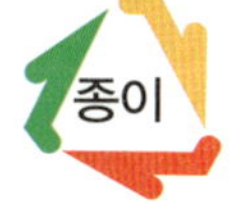
우유팩, 과자 상자 등

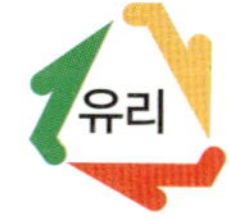
깡통, 음료수 캔 등

주스 병 등

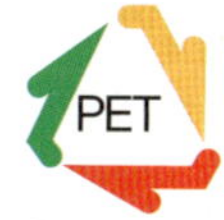
샴푸용기, 페트병 등

수지: 아, 그건 주민들이 각자 자기 집의 쓰레기를 분리해서 이 통들에다 버리는 거야. 각 구마다 쓰레기 배출 요일이 다른데 우리 동네는 토요일마다 청소부들이 와서 쓰레기를 트럭(truck)에 싣고 가거든.

효려: 아, 그렇구나.

수지: 맞다, 우리 집도 쓰레기를 버려야 해. 깜박할 뻔했어. 엄마 아빠가 아침 일찍 지인 아들의 결혼식장에 가셨거든.

효려: 그럼 나도 같이 분리수거 할래. 어떻게 하는 건지 궁금해.

[수지가 주방 한 쪽에 놓인 쓰레기를 가리키면서 말한다.]

수지: 쓰레기의 종류가 많지만 크게는 일반 쓰레기, 음식물 쓰레기, 그리고 재활용 쓰레기로 분류할 수 있어. 아까 밑에서 봤던 통들은 다양한 재활용 쓰레기를 담기 위한 것들이야.

효려: 그러니까 일반과 음식물, 그리고 재활용 쓰레기는 모두 따로 버려야 된다는 말이야?

수지: 그렇지. 일반 쓰레기와 음식물 쓰레기는 모두 종량제(從量制) 봉투에 담아서 버려야 하고 재활용 쓰레기는 마크로 표시된 통들에다 버리면 돼.

효려: 뭐? 종량…봉투?

수지: 응, 종량제 봉투. 쓰레기를 버리려면 종량제 봉투를 구입해야 되는데, 봉투의 크기에 따라 가격이 달라. 그러니까 쓰레기의 양을 기준으로 처리 비용을 징수하는 방식이지.

효려: 그럼 돈을 아끼려면 쓰레기를 버릴 때 재활용 물건을 철저히 분리해야겠네.

수지: 맞아! 바로 이해했네. 종량제는 쓰레기 양을 줄이고 재활용도를 높이기 위한 방법이야.

효려: 굉장히 친환경적이면서도 경제적이네.

새 어휘와 표현

- 동네: 社区, 小区
- 쓰레기통: 垃圾桶
- 나란히: 【副】并排
- 쓰레기를 분리하다: 垃圾分类
- 배출: 排放
- 트럭(truck): 卡车
- 싣다: 【动】装
- 깜박하다: 【动】忘记
- 지인: 熟人
- 분리수거: 分类回收
- 궁금하다: 【形】好奇, 想知道
- 일반 쓰레기: 普通垃圾
- 음식물 쓰레기: 食物垃圾
- 재활용 쓰레기: 可回收垃圾
- 봉투: 袋子
- 비용을 징수하다: 征收费用
- 돈을 아끼다: 省钱
- 철저히: 【副】彻底地
- 재활용도를 높이다: 提高可回收率
- 친환경적: 环保的
- 경제적: 经济的

한국 경제 발전의 가장 빠른 시기는 1970, 1980년대였다. 그때 발달한 산업과 인구의 급증에 따라 폐기물이 대량으로 배출되기 시작했다. 이 문제를 해소하기 위해 1995년 1월 1일부터 쓰레기 종량제가 도입되었다. 아래 기사는 종량제 제도가 실행되어 온 20년 동안에 얻은 성과와 여전히 존재하는 문제점에 관한 보도이다.

종량제 20년…생활폐기물 16% 감소

1995년 1월 시행된 쓰레기 종량제는 획기적인 정책이었다. 건국 이후 환경정책 중 최대 업적으로까지 꼽힌다. 이전의 쓰레기 수수료 체계가 재산세나 건물면적 등을 토대로 한 정액 부과방식이었다면, 종량제도는 배출량에 비례하는 체계로 전환한 것이다. 구입한 종량제 봉투에 생활쓰레기를 담아 배출하고, 종이나·병·플라스틱 같은 재활용품을 분리 배출하면 무료로 수거한다. 폐가구나 폐가전제품 등 대형폐기물은 스티커를 사서 부착해 배출한다.

종량제 시행 직전 연도인 1994년 5만8천118t이던 하루 생활쓰레기 발생량은 제도 시행 첫해인 1995년 4만7천774t으로 17.8% 급감했다. 최근 통계인 2013년 1일

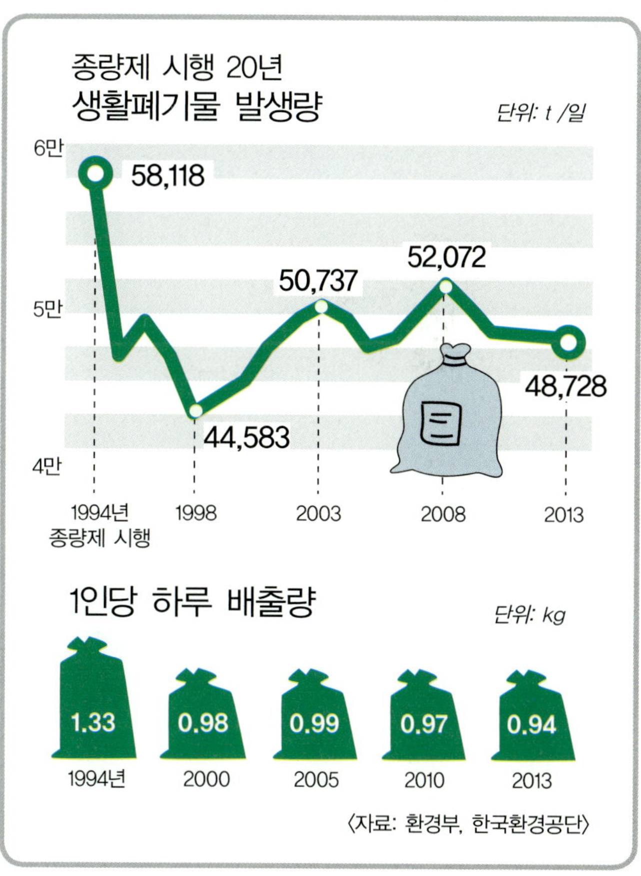

생활폐기물 발생량은 4만8천728t이다. 제도 시행 직전과 비교해 16.2% 감소했다.

배출된 생활쓰레기는 소각·매립·재활용되는데, 매립 비중은 급감하고 재활용 비율은 놀랍도록 증가했다. 소각 비중도 늘었다.

그렇다면 한국의 쓰레기 종량제는 성공한 것으로 평가할 수 있을까? 2013년 기준, 생활폐기물 하루 발생량은 제도 시행 첫해인 1995년보다 954t 늘었다. 증가된 인구수를 고려하면 일인당 하루 발생량은 0.13㎏ 수준 수치지만, 제도 시행 첫해 배출량이 그 직전 해보다 줄어든 폭을 고려하면 현재는 '정체'에 가까운 수치다. 무엇이 문제일까?

2010년 기준 생활폐기물 매립률은 선진국에 한참 못 미친다. 네덜란드 0.40, 독일 0.42, 스웨덴 0.97, 벨기에 1.59, 스위스는 0%다. 한국은 17.9%였다. 이러한 이유로 정부는 매립률을 줄이고 재활용률을 늘리는 데 초점을 맞추고 있다. 기존 매립지가 포화상태에 이르렀다는 판단 때문이다. 우선 재활용 비율을 높이고자 재활용 허용 방식을 바꾸고 있다. 재활용을 하는 데 있어 특정 방식만 허용하던 것을, 환경이나 건강에 해로운 것만 빼고는 모두 허용하는 방식이다. 관련 법도 제정해 자원과 에너지로 회수할 수 있는 폐기물의 매립률을 '0'으로 낮추는 직매립 제로(Zero)화도 추진한다.

〈연합뉴스 2015년 7월 7일 보도 활용〉

새 어휘와 표현

- (문제)를 해소하다: 解决 (问题)
- (제도)가 도입되다: 引进 (制度)
- (제도)가 실행되다: 实施 (制度)
- 획기적: 划时代的, 重要的
- 수수료: 手续费
- 토대: 基础
- 비례하다: 【动】成比例
- 전환하다: 【动】转换

- 부착하다: 【动】粘贴, 附着
- 직전: 之前
- 폭: 幅度
- 정체: 停滞
- 선진국: 发达国家
- 한참: 【副】一阵子, 好一会儿
- 미치다: 【动】够, 及, 到
- 초점을 맞추다: 聚焦, 针对

- 포화상태에 이르다: 达到饱和状态
- 허용: 容许
- 건강에 해롭다: 对健康有害
- 제정하다: 【动】制定
- 회수하다: 【动】回收
- 추진하다: 【动】促进

여러분, 쓰레기의 종류와 배출방법에 대해서 아십니까? 아래 열거된 재활용 쓰레기를 선택하여 빈칸을 채우십시오.

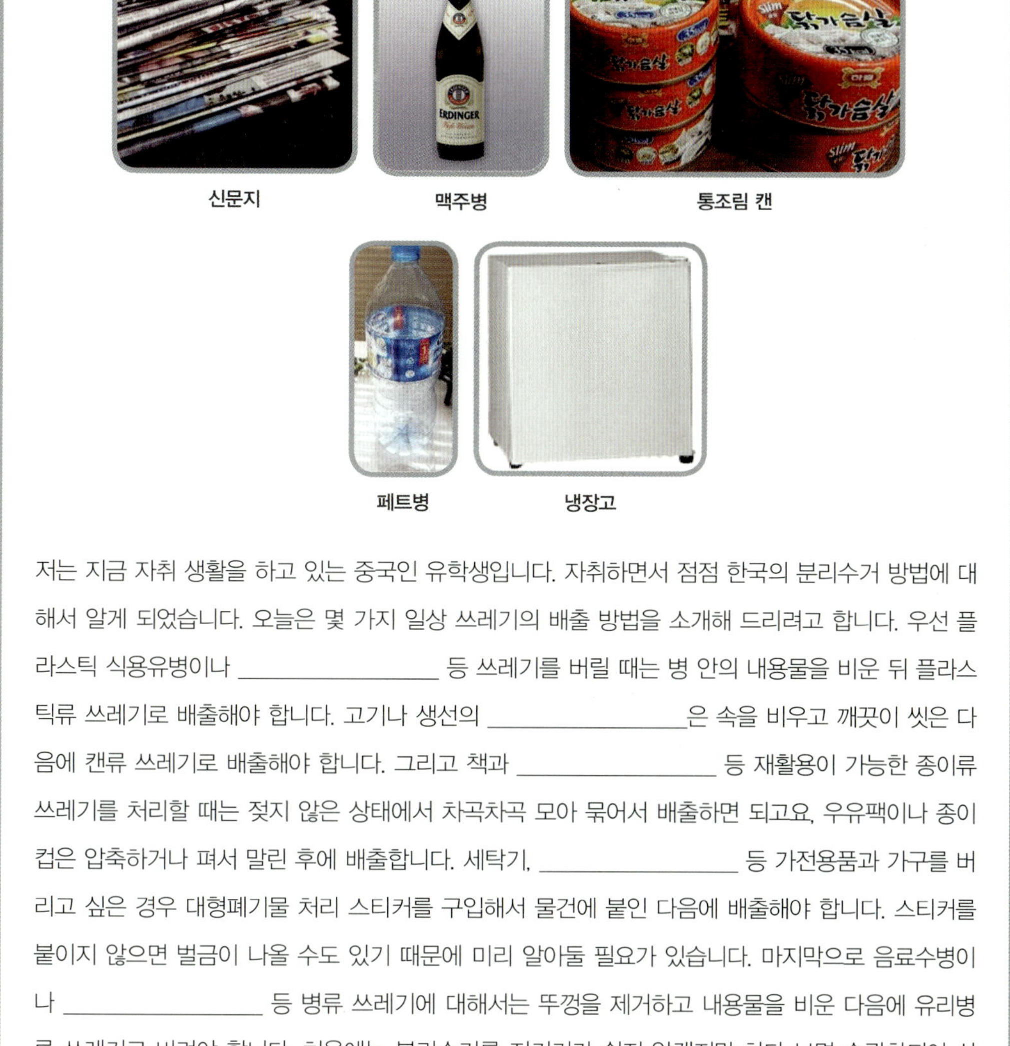

신문지   맥주병   통조림 캔

페트병   냉장고

저는 지금 자취 생활을 하고 있는 중국인 유학생입니다. 자취하면서 점점 한국의 분리수거 방법에 대해서 알게 되었습니다. 오늘은 몇 가지 일상 쓰레기의 배출 방법을 소개해 드리려고 합니다. 우선 플라스틱 식용유병이나 ________________ 등 쓰레기를 버릴 때는 병 안의 내용물을 비운 뒤 플라스틱류 쓰레기로 배출해야 합니다. 고기나 생선의 ________________은 속을 비우고 깨끗이 씻은 다음에 캔류 쓰레기로 배출해야 합니다. 그리고 책과 ________________ 등 재활용이 가능한 종이류 쓰레기를 처리할 때는 젖지 않은 상태에서 차곡차곡 모아 묶어서 배출하면 되고요, 우유팩이나 종이컵은 압축하거나 펴서 말린 후에 배출합니다. 세탁기, ________________ 등 가전용품과 가구를 버리고 싶은 경우 대형폐기물 처리 스티커를 구입해서 물건에 붙인 다음에 배출해야 합니다. 스티커를 붙이지 않으면 벌금이 나올 수도 있기 때문에 미리 알아둘 필요가 있습니다. 마지막으로 음료수병이나 ________________ 등 병류 쓰레기에 대해서는 뚜껑을 제거하고 내용물을 비운 다음에 유리병류 쓰레기로 버려야 합니다. 처음에는 분리수거를 지키기가 쉽지 않겠지만 하다 보면 습관화되어 쉬워질 겁니다. 자, 이제 여러분도 저와 함께 분리수거를 실천해 볼까요?

1. 재사용 종량제 봉투

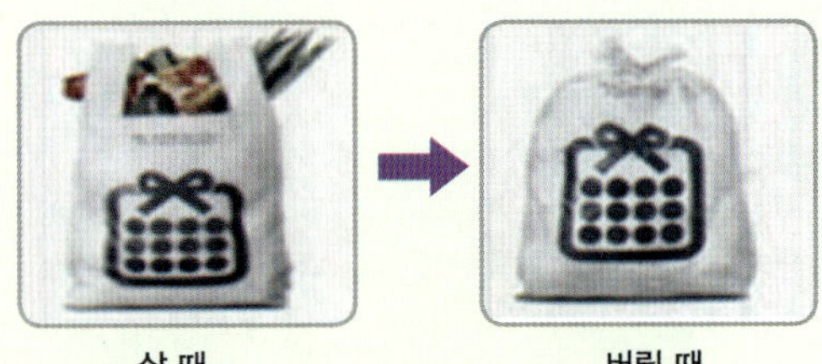

재사용 종량제 봉투는 2010년 10월 1일부터 1회용 비닐 봉투 사용이 금지되면서 대형마트에서 널리 활용되기 시작했다. 재사용 종량제 봉투는 마트에서 물건을 담을 수 있고, 집에서 쓰레기 버리는 종량제 봉투로 사용할 수도 있다. 최근에는 중형마트나 소형마트에서까지 널리 사용된다. 이 정책은 국민 아이디어 공모를 통해 추진된 것으로 쓰레기 봉투를 살 돈도 절약하고 환경보호도 같이 할 수 있어서 국민들의 반응이 좋다.

2. 일회용 줄이기

나무젓가락 분해 기간 20년,
유리병 분해 100만 년 이상 걸린다는 사실
알고 계신가요?

친환경 의식을 바탕으로 국민들도 자발적으로 일회용품을 줄이는 데 힘을 모아왔다. 한국의 대부분 식당에서 쓰고 있는 젓가락과 숟가락은 일회용이 아니다(〈그림 1〉). 소독한 수저를 사용함으로써 위생에 좋고 오래 쓸 수 있어서 자원도 아낄 수 있다.

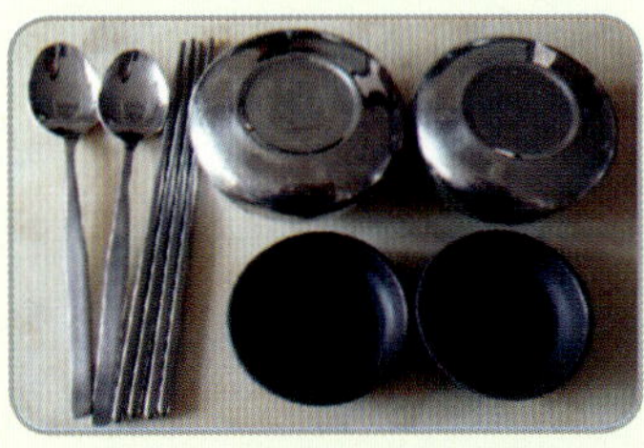
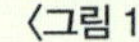

〈그림 1〉

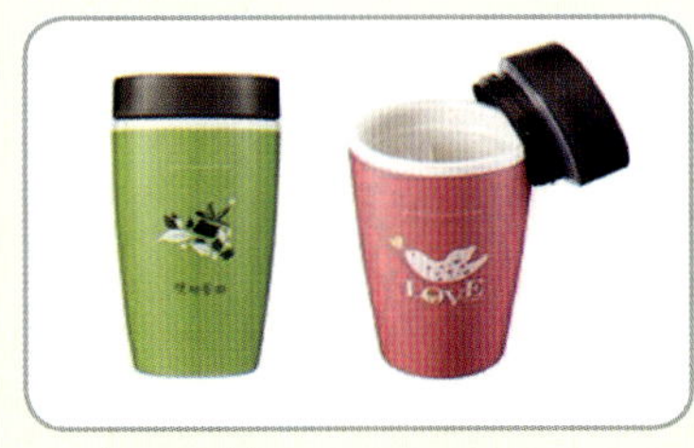

〈그림 2〉

이외에도, 환경에 대한 사회적 관심이 높아지면서 커피전문점이 친환경 마케팅을 활발하게 펼치고 있다. 한국의 체인 커피전문점들에서는 일회용 컵 사용을 줄이기 위해 텀블러 (〈그림 2〉)를 사용하는 소비자에게 적게는 100원부터 많게는 음료 금액의 10%까지 커피값 할인 혜택을 제공하고 있다.

공중도덕을 잘 지킵시다

- 한국에서 꼭 지켜야 할 공중도덕에는 무엇이 있는지 배운다.
- 한국인과 더불어 살아가는데 알아두면 좋을 에티켓을 익힌다.

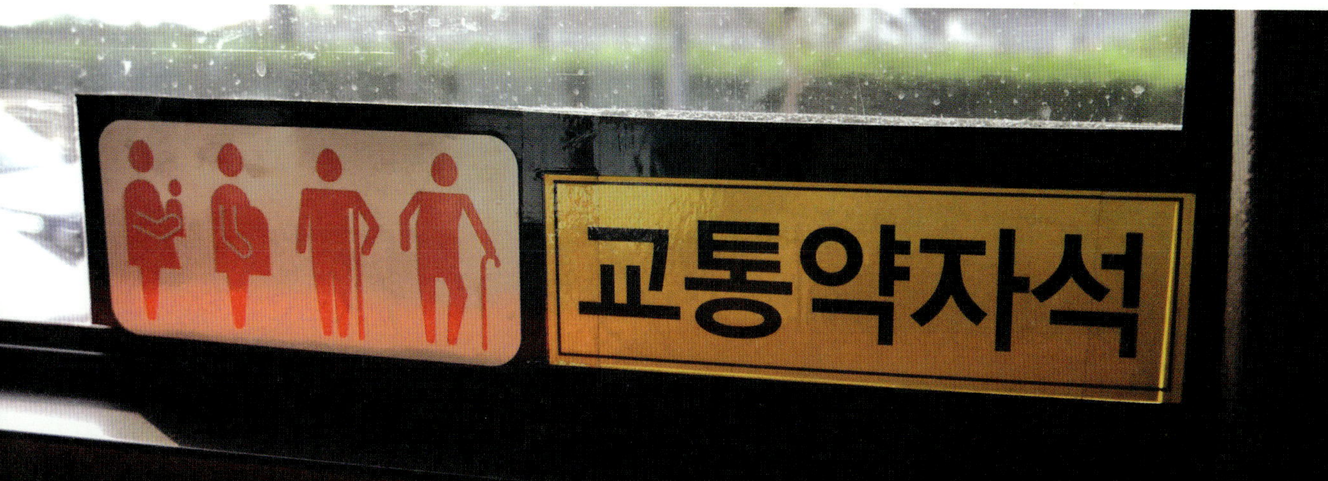

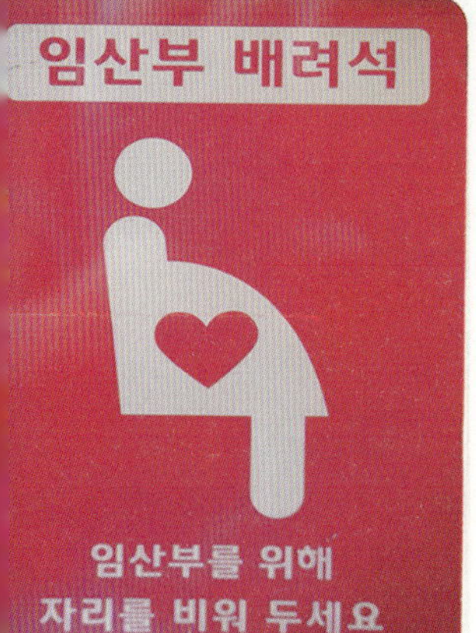

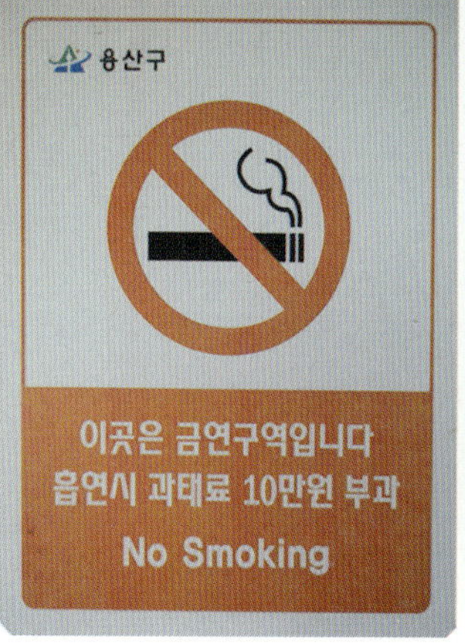

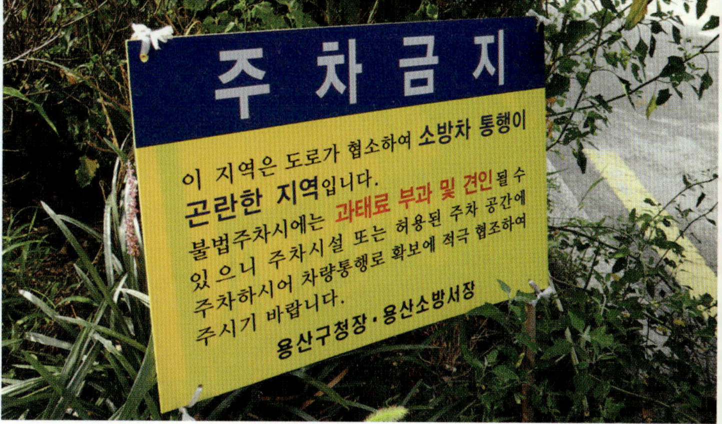

[효려에게 전화를 한다]

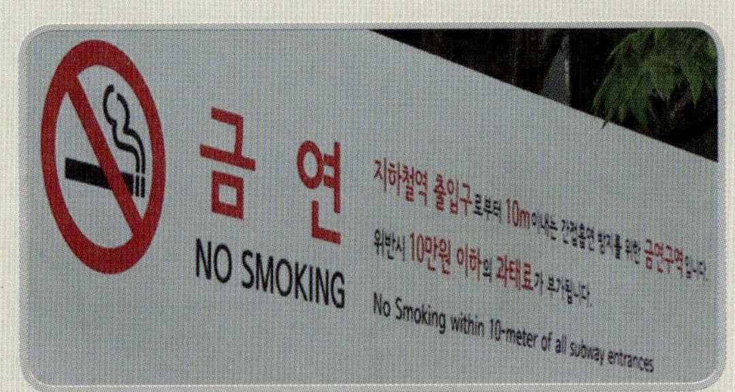

민호: 효려야, 어디쯤 왔니? 우리는 지금 3번 출구 앞에서 기다리고 있어.

진위: 효려 누나 오늘도 늦는대요? 하여튼 약속 시간을 지키는 날이 없다니까. 기다리는 동안 저는 담배나 한 대 피워야겠어요.

민호: 진위야, 여기서는 안 돼! 여기는 금연구역이야.

진위: 그래요? 하마터면 실수할 뻔했네요. 그런데 지하철역 근처에서 담배를 피우면 안 돼요?

민호: 간접흡연의 피해를 방지하기 위해서 지하철 입구와 버스정류장 10m 내에서는 금연하도록 되어 있어. 이를 어기게 되면 10만 원의 과태료를 물게 되니까 조심해야 해.

진위: 그럼 어디에서 담배를 피울 수 있죠?

민호: 근처에 지정된 흡연구역이 있을 거야. 아! 저기 있다.

진위: 잠깐 다녀올게요. 알려줘서 고마워요, 형.

민호: 걸어 다니면서 피우는 것도 안 되니까 잊지 마.

진위: 네! 주의할게요.

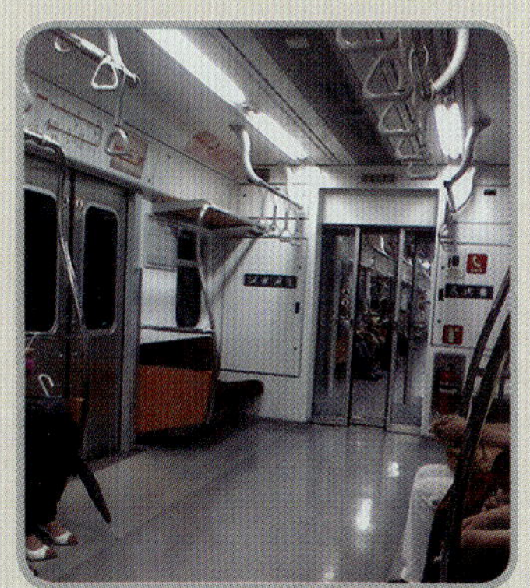

효려: 진위, 너 오늘도 사고 칠 뻔했다면서?

진위: 흥! 이게 다 누나 때문이에요. 앞으로는 약속 시간 좀 잘 지켜요.

민호: 얘들아, 공공장소에서는 제발 다투지 말자. 남 보기에 부끄럽다.

효려: 참! 지난번에 내가 말했던 가수 말이야. 이번에 새 뮤직비디오를 제작했더라. 같이 볼래?

[효려와 진위가 스마트폰을 사용하여 뮤직비디오를 시청한다]

민호: 얘들아, 미안하지만 지하철 안에서 음악을 들을 때는 이어폰을 사용해야지.

진위: 그래요? 그럼 누나도 벌금 10만 원을 내야 하는 건가요?

효려: 엄마, 나 어떡해! 한 번만 봐주세요. 다시는 안 그럴게요.

민호: 걱정 마. 그건 에티켓(étiquette)일 뿐이야. 벌금을 낼 만큼 심각한 잘못은 아니야.

효려: 정말요? 어휴, 다행이다. 진위 이 녀석, 나를 놀렸어?

진위: 어허, 공공장소에서는 에티켓을 지켜주세요. 성숙한 시민의 기본 아닙니까?

민호: 뭐? 정말 너한테는 못 당하겠다.

새 어휘와 표현

- 하여튼: 【副】总之
- 금연구역: 禁烟区域
- 간접흡연: 间接吸烟, 二手烟
- 피해를 방지하다: 防止受害
- 과태료를 물다: 缴纳罚款
- 지정된 흡연구역: 指定吸烟区域
- 사고를 치다: 闯祸, 制造麻烦

- 남 보기에 부끄럽다: 在别人看来觉得丢脸
- 참: 【副】对了! (突然想到某件事时)
- 이어폰: 耳机
- 벌금: 罚款
- 한 번만 봐주세요: 请放过我一次吧

- 에티켓(étiquette): 礼节
- 공공장소: 公共场所
- 성숙한 시민의 기본: 成熟市民 (应该做到) 的基本
- 너한테는 못 당하겠다: 被你打败了

　　나라마다 공중의 복리를 위해 지켜야 할 생활 규칙이 있다. 만약 이를 지키지 않으면 경고를 받거나 심한 경우 법에 따라 처벌을 받게 된다. 한국에서는 그러한 생활규칙을 '공중도덕'이라고 부른다. 한국사회는 개인의 자유 못지않게 공동체의 복리를 중시하기 때문에 각 개인에게 다소 높은 수준의 공중도덕을 요구하는 편이다.

　　많은 사람이 함께 이용하는 관공서, 전시장, 공연장, 공원, 목욕탕, 대중교통 시설에서는 반드시 지켜야 할 규칙이 있다. 몰라서 실수하는 것은 어쩔 수 없지만, 만약 고의로 공중도덕을 어기면 주변인들로부터 심한 질책을 당하거나 경찰에 의해 '경범죄' 처분을 받을 수도 있다. 예를 들어, 길거리에 담배꽁초나 껌을 버리거나 함부로 침을 뱉다가 적발되면 3만 원 이상의 벌금을 물어야 한다. 또한, 급하다고 노상방뇨를 할 경우 5만 원 이상의 벌금형을 받게 된다. 만약 주택가에서 지나친 소란을 떨어 이웃들이 신고할 경우에도 5만 원 이상의 벌금형에 처해질 수 있다. 여름에 덥다고 해서 마음대로 웃통을 벗고 다님으로써 사람들을 불쾌하게 하면 5만 원 이상의 벌금형 처분을 받을 수 있다.

　　경범죄로 분류되지는 않지만 공공장소에서 마땅히 지켜야 할 예절도 있다. 다른 사람들에게 폐를 끼치지 않음으로써 모든 사람이 행복해지도록 만드는 예절을 '에티켓'이라고 한다. 가령 지하철에서 친구와 소곤소곤 이야기를 한다든지 음악감상 시 이어폰을 사용하는 것은 에티켓의 좋은 사례이다. 또한, 노약자와 임산부에게 자신의 자리를 양보하는 것도 에티켓에 해당한다. 식당에서 시끄럽게 떠들지 않거나 음식을 흘리지 않고 먹는 것도 훌륭한 에티켓이다. 또한 새치기하지 않고 차분하게 자신의 순서를 기다리는 것도 마찬가지다. 관심을 갖고 한국인의 에티켓을 익혀두면 분명 주변 사람들의 호감을 얻게 될 것이다.

새 어휘와 표현

- 공중의 복리: 公众的福利
- 규칙: 规则
- 경고: 警告
- 처벌: 处罚
- 고의: 故意
- 질책: 斥责

- 경범죄: 轻罪
- 처분을 받다: 受到处分
- 벌금형: 罚金刑
  - ~을 받다: 接受~
  - ~에 처해지다: 受到, 被判~
- 노상방뇨: 路上小便

- 웃통: 上衣 (具有否定意义)
- 폐를 끼치다: 给别人添麻烦
- 새치기: 插队
- 차분하다: 【形】沉着冷静

1. 사회생활을 하는 데 에티켓이 중요하다고 생각하는가?

   +3 그렇다   **+2** 보통이다   **0** 그렇지않다

2. 평소 자신의 복장이나 체취에 대해 신경을 쓰는 편인가?

   +3 그렇다   **+2** 보통이다   **0** 그렇지않다

3. 지하철이나 버스 좌석에 앉아 있을 때 주변에 노약자가 없는지 둘러보는가?

   +3 그렇다   **+2** 보통이다   **0** 그렇지않다

4. 음식을 먹을 때 소리를 내거나 큰소리로 대화하는가?

   +3 그렇다   **+2** 보통이다   **0** 그렇지않다

5. 상점에서 직원의 도움을 받은 후 고맙다는 말을 하는가?

   +3 그렇다   **+2** 보통이다   **0** 그렇지않다

6. 전화를 할 때 주위 사람들에게 목소리가 크다는 지적을 받은 적이 있는가?

   +3 그렇다   **+2** 보통이다   **0** 그렇지않다

7. 쓰레기가 생기면 자신의 가방이나 주머니에 넣었다가 나중에 처리하는가?

   +3 그렇다   **+2** 보통이다   **0** 그렇지않다

8. 화장실을 사용한 뒤 주변을 살펴보고 반드시 뒤처리를 하는가?

   +3 그렇다   **+2** 보통이다   **0** 그렇지않다

9. 재채기를 할 때 입을 가리는가?

   +3 그렇다   **+2** 보통이다   **0** 그렇지않다

10. 엘리베이터를 타고 내릴 때 여성이나 노약자를 배려하는가?

    +3 그렇다   **+2** 보통이다   **0** 그렇지않다

- 25점 이상: 에티켓이 있는 사람
- 20점 까지: 에티켓에 대한 관심이 있으나 노력이 필요함
- 20점 이하: 에티켓에 대한 지식과 노력이 필요함

다양한 금지 경고판의 의미를 생각해 보고 아래의 보기와 짝을 지어 봅시다.

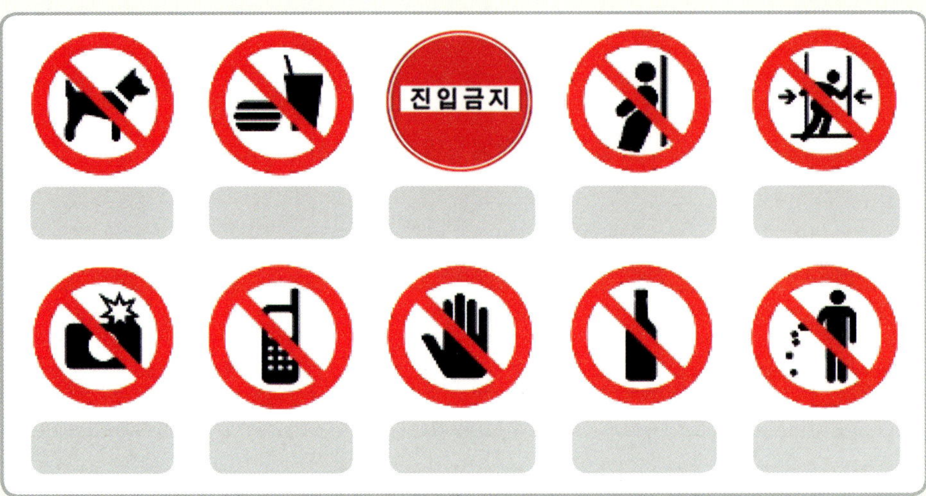

1. 쓰레기 투기 금지

2. 문이 닫힐 때 뛰어들지 마시오

3. 핸드폰 사용 금지

4. 음식물 반입 금지

5. 들어오지 마시오

6. 주류 반입 금지

7. 손대지 마시오

8. 플래쉬 사용 금지

9. 애완견 금지

10. 기대지 마시오

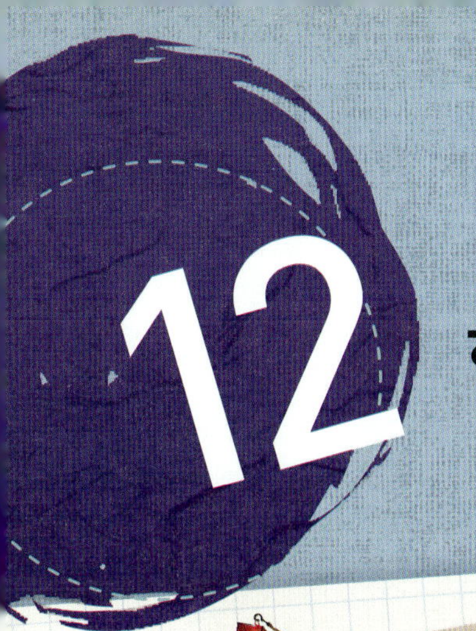

한국의 의료비가 비싸다고요?

- 대학 의료 기관 이용법에 대해 안다.
- 한국의 의료시설에 대해 안다.

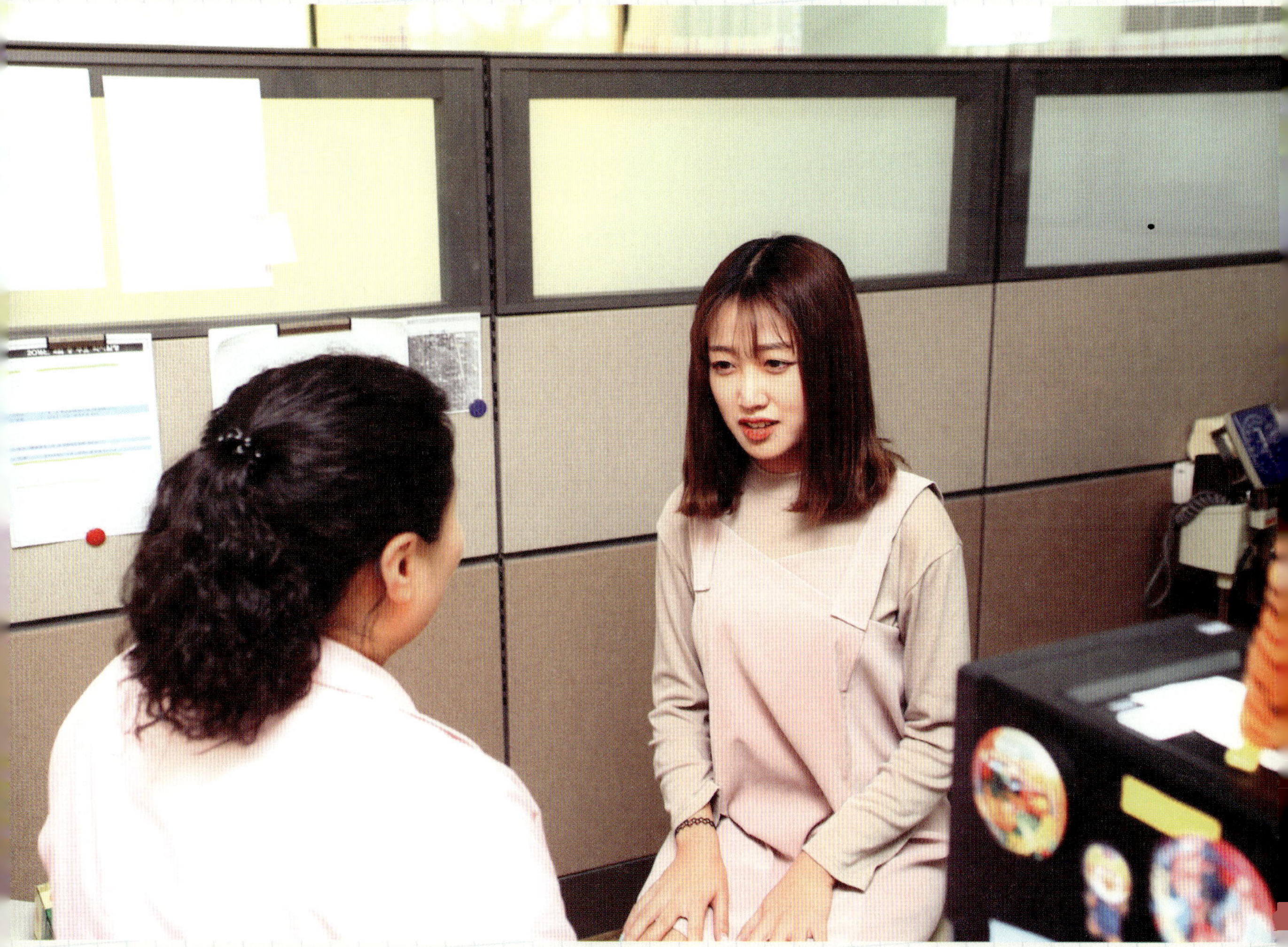

[아침 수업 후, 기침이 심하고 열이 많이 나는 효려는 보건실을 찾았다.]

보건실 선생님: 열이 높아요. 해열제를 좀 먹어야겠어요. 먹고 졸릴 수도 있으니 수업이 없으면 보건실에 있는 침대에서 안정을 취하고 가세요.

효려: 감사합니다. 그런데 보건실에 침대도 있어요?

보건실 선생님: 침대뿐만 아니라 각종 응급약과 혈압측정기도 있어요. 또한 건강 상담과 각종 행사에 의료용품도 지원해 주고 있어요.

[며칠 후 학교 근처 커피전문점]

민호: 효려야 몸은 좀 어때? 병원에 가봤어?

효려: 한국의 병원비는 비싸다면서요. 그래서 학교 보건실에 다녀왔어요.

민호: 아니야. 다른 국가와 비교해 볼 때 한국은 병원비용이 싼 편이야. 그리고 외국인에게도 국민건강보험을 허용하고 있어.

효려: 국민건강보험이요? 여행자보험 같은 것인가요?

민호: 그것과 비슷하지만 조금 달라. 그리고 모든 외국인이 가입할 수 있는 것은 아니고 학생인 경우 재학증명서를 보여주면 가입할 수 있어.

효려: 가입하면 병원비가 무료인가요?

민호: 무료는 아니야. 하지만 일반진료나 응급실을 매우 저렴한 비용으로 이용할 수 있어. 한국에서 6개월 이상 거주를 한다면 꼭 가입하는 것이 좋아.

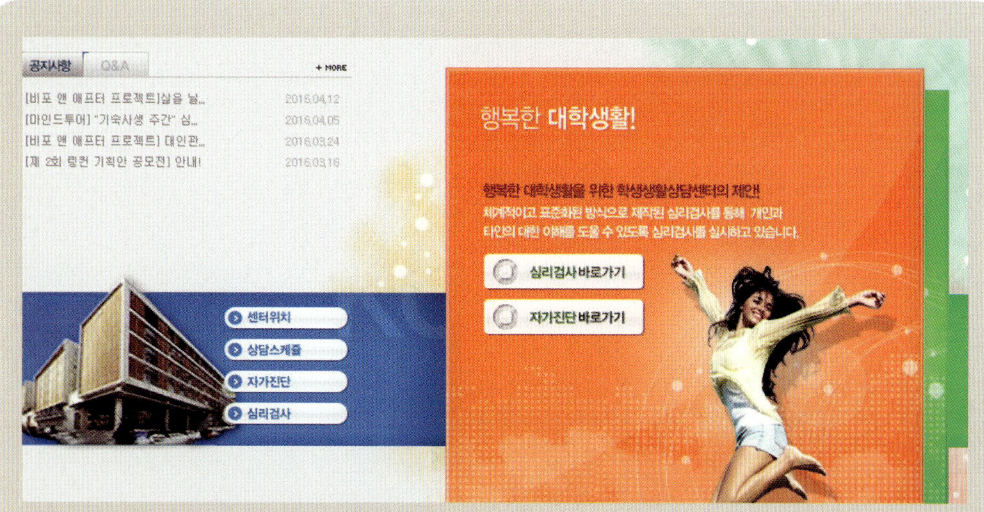

민호: 진위야, 안색이 좋지 않은데 무슨 일 있어?

진위: 요즘 고향 생각이 너무 많이 나요. 그래서 기분이 좋지 않아요.

효려: 그럴 때는 보통 '우울하다'라고 얘기해. 나도 작년에는 많이 우울했어.

민호: 진위가 향수병에 걸렸구나.

진위: 네? 향수병이요? 저 향수 안 뿌렸어요.

효려: 향수병은 고향이 아닌 다른 지역에 오랫동안 살 때 느낄 수 있는 일종의 우울 증상이야.

진위: 우와~ 선배, 의사 같아요.

효려: 사실 나도 향수병 때문에 학교 상담실에 가서 상담을 받아본 적이 있기 때문에 잘 아는 거야.

민호: 의무실 옆에 있는 학생생활상담센터에 한 번 가봐. 상담을 받으면 좀 괜찮아질 거야.

진위: 학교에는 참 여러 가지 기관이 있는 거 같아요. 내일 수업을 마치고 가볼게요.

안녕! 나는 진위야. 며칠 전까지 감기와 몸살로 많이 아팠어. 그런데 병원, 약국, 학교보건실 등 의료시설 이용 방법을 몰라서 많이 고생했어. 그래서 너희들은 고생하지 않도록 한국의 의료시설 이용 방법에 대해 설명해 주려고 해.

외국인이 한국에서 병원을 이용하는 것은 어렵지 않아. 먼저 한국에서는 크기와 목적 등을 근거로 의료기관을 크게 상급종합병원, 종합병원, 병원, 의원으로 구분하고 있어. 어렵다고? 어느 병원에 가야 할지 모를 경우 119에 전화하면 응급처치 방법, 질병 상담, 가까운 병원에 관한 안내를 받을 수 있어. 하지만 너무 자주 전화하면 꼭 필요한 사람들이 이용하지 못할 수도 있으니까 먼저 인터넷이나 주변 한국 친구들에게 물어보는 것이 좋아.

알맞은 병원을 찾아서 진찰을 받고 진료가 끝나면 처방전을 받아서 병원 밖의 약국에 제출하면 약을 구입할 수 있어. 한국에서는 진료는 병원에서, 약은 약국에서 구입해야 해. 그런데 처방전에는 유효기간이 있어서 동일 처방전으로 반복 사용을 할 수 없어.

어떤 약들은 처방전이 꼭 필요해. 가령 항생제, 호르몬제 등 전문의약품들은 반드시 처방전이 필요해. 반면 소화제, 해열진통제, 영양제, 비타민제와 같은 일반의약품은 처방전 없이도 구입이 가능해. 그리고 해열진통제, 감기약, 소화제, 파스 등 상비의약품은 가까운 편의점에서도 구매 가능하니까 기억해 둬.

마지막으로 약국은 '휴일지킴이약국'이라는 제도를 통해 주말에도 운영하는 곳이 있으니까 참고해. 휴일지킴이약국은 인터넷(http://www.pharm114.or.kr/)으로 확인할 수 있어.

　　학교 보건실에 대해서는 앞에서도 말했지? 학생상담센터에 처음 갔을 때는 조금 무섭긴 했지만 상담선생님이 무척 친절하셔서 많은 도움을 받았어. 너희들도 혹시 우울증이 오거나 향수병에 걸린 것 같다고 생각이 들면 한 번 가봐.

새 어휘와 표현

- 의료시설: 医疗设施
- 상급종합병원: 上级综合医院
- 종합병원: 综合医院
- 병원: 医院
- 의원: 诊所
- 응급처치: 应急处置, 急救
- 질병: 疾病
- 처방전: 处方
- 유효기간: 有效期
- 반복: 反复
- 항생제: 抗生素
- 호르몬제: 荷尔蒙剂, 激素
- 전문의약품: 专门医药品, 处方药
- 일반의약품: 普通医药品, 非处方药
- 상비의약품: 常备药品
- 휴일지킴이약국: 周末无休药店

● 아니다: 점수 없음 ● 조금 그렇다: 1점 ● 심하다: 2점 ● 매우 심하다: 3점			
1. 슬픈 기분이 든다.	①	②	③
2. 앞날이 비관스럽다.	①	②	③
3. 지난 일들이 실패했다고 생각된다.	①	②	③
4. 일상생활이 만족스럽지 못하다.	①	②	③
5. 죄책감을 느낀다.	①	②	③
6. 벌을 받고 있다고 생각된다.	①	②	③
7. 나 자신이 실망스럽다.	①	②	③
8. 일이 잘못되면 내 탓이라고 생각된다.	①	②	③
9. 자살하고 싶다.	①	②	③
10. 괜히 울음이 나온다.	①	②	③
11. 초조하고 짜증이 난다.	①	②	③
12. 다른 사람에 대한 관심을 잃어버렸다.	①	②	③
13. 무슨 일에 대해서 결정을 못 한다.	①	②	③
14. 내가 전보다 못생겨졌다고 생각된다.	①	②	③
15. 무슨 일을 시작하려면 힘이 든다.	①	②	③
16. 잠을 잘 못 잔다.	①	②	③
17. 쉽게 피곤해진다.	①	②	③
18. 입맛이 없다.	①	②	③
19. 몸무게가 줄었다.	①	②	③
20. 몸에 이상이 있을까봐 걱정된다.	①	②	③

● 0~9점: 우울하지 않음 ● 10~15점: 가벼운 우울 ● 16~23점: 중한 우울 ● 24~63점: 심한 우울

　체크한 문항 점수를 합산해 16점 이상이면 우울증을 의심해 볼 수 있습니다. 하지만 이 점수만으로 판단하는 것은 한계가 있으니 점수가 높게 나오면 전문가의 상담을 받아 보는 것이 좋습니다.

 외국인의 건강보험 가입요건

〈직장가입 대상자〉

건강보험 적용 사업장의 근로자, 공무원 또는 교직원으로서 다음의 어느 하나에 해당하는 재외국민 또는 외국인은 「국민건강보험법」의 적용을 받는 직장가입자가 됩니다.

- 「주민등록법」에 따라 등록을 한 사람
- 「재외동포의 출입국과 법적 지위에 관한 법률」에 따라 국내거소신고를 한 사람
- 「출입국관리법」에 따라 외국인등록을 한 사람

〈지역가입 대상자〉

다음의 요건을 모두 갖추고 공단에 지역가입자 자격 취득을 신청한 재외국민 또는 외국인은 「국민건강보험법」의 적용을 받는 지역가입자가 됩니다.

- 직장가입자가 되는 재외국민 또는 외국인이 아닐 것
- 국내에 3개월 이상 거주하였거나 유학 등의 사유로 3개월 이상 거주할 것이 명백할 것
- 다음의 어느 하나에 해당할 것
  - 「주민등록법」에 따라 등록을 하거나 「재외동포의 출입국과 법적 지위에 관한 법률」에 따라 국내거소신고를 한 사람
  - 「출입국관리법」에 따라 외국인등록을 한 사람으로서 「국민건강보험법 시행규칙」에 따른 체류자격이 있는 사람

〈출처: 국민보험관리공단 2016년도 기준〉

13 여자라고 꼭 애교가 많아야만 하나요?

- 한국인의 성별에 따른 역할 문화를 생각해 본다.
- 한국어의 여성적 언어와 남성적 언어에 관해 이해한다.

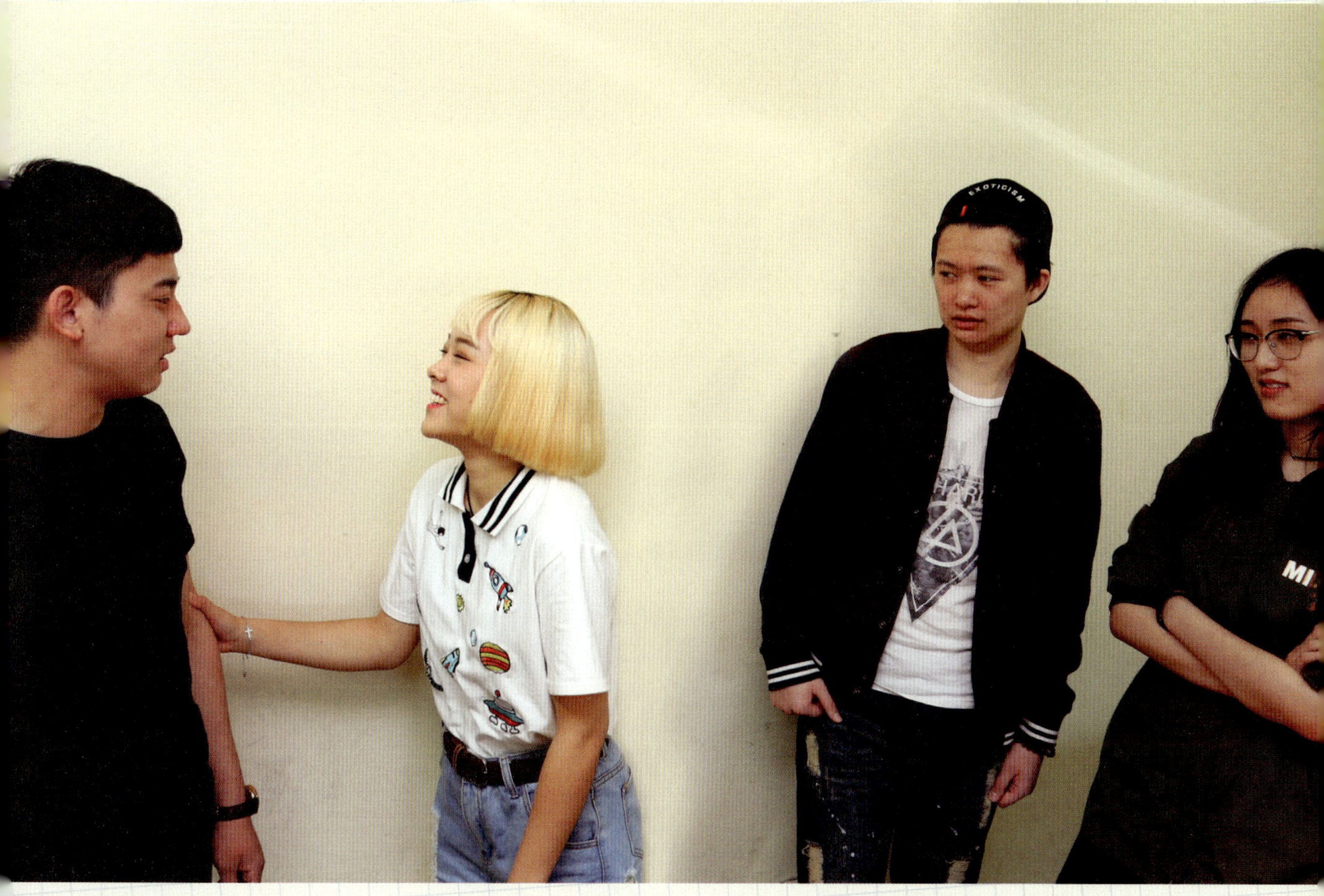

[같은 학교 학생인 수지가 민호를 만났다.]

수지: 어머! 민호 오빠~ 여기서 뭐해요? 왜 요즘은 메신저도 안 보내요? 나 완전 삐짐! 오빠, 다음에 꼭 나 맛있는 거 사줘야 돼~ 알았지? 그럼 바이바이~

[수지가 사라지자 효려와 진위가 다가와서]

효려: 민호 선배, 여자한테 인기가 대단하네요?

민호: 오해하지 마. 수지는 성격상 애교가 많을 뿐이야.

효려: 좋아하지도 않는 사람한테 저렇게 상냥하게 말할 리가 없어요.

진위: 근데 애교가 무슨 뜻이에요?

민호: 애교는 남에게 자신을 귀엽게 보이려는 태도를 말해. 주로 여성적인 성격을 나타낼 때 사용하는 표현이야. 남자에게 사용하는 건 실례가 될 수 있으니 조심해야 해.

효려: 왜 여자한테만 애교가 있어요? 그건 편견 아닌가요?

진위: 누나도 앞으로는 애교 좀 부려보세요. 그럼 최고의 인기녀가 될 거예요.

효려: 나도 애교 부릴 줄 알거든? 아잉~ 진위야~ 나 맛있는 커피 한 잔 사줄래?

진위: 아이고, 누나한테 당했네요.

민호: 효려야, 넌 이상형이 어떻게 되니?

효려: 저는 자상하고 따뜻한 사람이 좋아요. 저보다는 나이가 서너 살쯤 많은 한국 오빠였으면 좋겠어요.

진위: 요즘에는 한류 드라마 때문에 중국에서도 한국 오빠의 이미지가 인기 있어요.

효려: 한국 오빠들은 옷을 잘 입고 늘 단정해요. 또 여자한테 어려운 일이 생기면 친절하게 도와주잖아요?

민호: 한국 남자들이 모두 그렇다고 생각하는 건 선입견이야. 하지만 한국 사회가 남성들에게 오빠로서의 역할을 기대하고 있는 건 사실이지.

진위: 오빠로서의 역할? 일종의 의무 같은 건가요?

민호: 비슷해. 남자는 연약한 여자를 잘 보호해야 한다는 사회적 약속 같은 거야.

효려: 한국문화에는 의무가 참 많아요. 여자는 여자다워야 하고 남자는 남자다워야 한다니 왜 꼭 그래야만 하죠?

새 어휘와 표현

- 애교: 撒娇
  - ～가 많다: 爱撒娇
  - ～를 부리다: 撒娇
- 삐지다: 【动】生气, 耍小脾气
- 인기가 대단하다: 人气很高
- 오해: 误会

- 성격상: 性格上
- 상냥하다: 【形】和气
- 실례가 될 수 있다: 可能会失礼
- 편견: 偏见
- 이미지(image): 形象
- 이상형: 理想型

- 자상하다: 【形】细心周到
- 따뜻하다: 【形】热情, 温暖
- 선입견: 先入为主的成见
- 【动·形】은/는 건 사실이다: ～事情是事实
- 【名】다워야 하다: 必须有～的样子

남자다운 언어와 여자다운 언어의 차이

중국 〈예기〉(禮記)편에 '남녀칠세부동석'이란 말이 있다. 남녀가 7세가 되면 한 자리에 함께 머물지 못하게 한다는 뜻이다. 유교가 국가의 이념이었던 한국에서는 오랫동안 남녀의 구별을 중요하게 생각했다. 사회적 역할뿐만 아니라 생활과 언어습관에 이르기까지 많은 부분에서 남자와 여자가 따라야 하는 문화가 달랐다.

전통적으로 한국의 남자들에게는 강인함이 요구되었다. 그래서 자신이 처한 어려운 상황이나 감정의 표현을 절제하는 것이 미덕으로 생각되었다. 예를 들어 한국의 어머니들은 아무리 슬프거나 아파도 남자는 울면 안 된다고 가르친다. 아버지들은 말을 지나치게 많이 하면 고추가 떨어진다고 겁을 주기도 한다. 자신의 감정을 과도하게 표현하는 것 역시 사나이가 할 만한 행동은 아니라고 가르친다. 주로 남자들끼리만 어울리는 중·고등학교 생활을 거친 후 2년간 군 복무를 마치고 나면, 대부분의 남자들은 과묵하고 절제된 언어 습관을 내면화하게 된다.

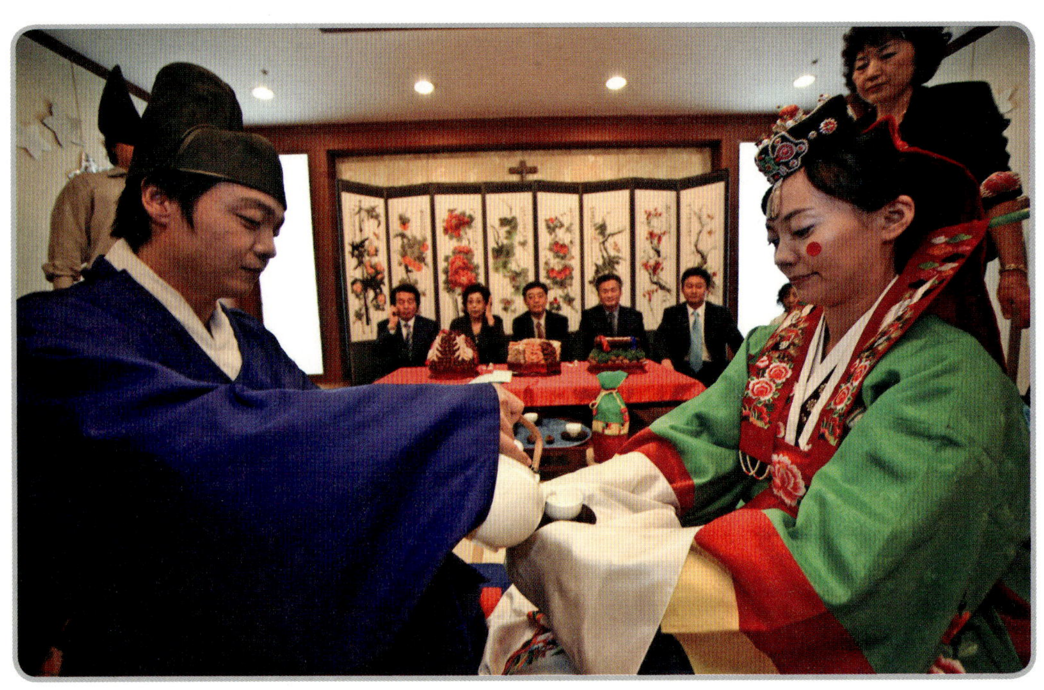

반면 여자들에게는 유순함이 요구되었다. 전통적으로 순종적인 여성이 가장 이상적인 것으로 여겨졌기 때문에 여성들은 남성 의존적인 성격을 내면화하게 되었다. 혀 짧은 소리로 말하거나 연약하고 서툰 유아적 행동을 통해 남성의 보호심을 자극하는 애교 문화는 이러한 남성 의존적 문화에서 발생한 것으로 보인다. 1990년대 후반부터, 한국 대중문화계는 애교 문화를 상업화하고 이를 한국적 아이돌 문화로 발전시켰다. 〈소녀시대〉, 〈원더걸스〉, 〈아이유〉 등이 특유의 애교 있는 노래와 안무로 세계적인 스타가 되었다.

중국어에서는 남성적 언어와 여성적 언어의 차이가 거의 없기 때문에 처음 한국어를 배우는 사람은 이러한 차이를 낯설게 생각할 수 있다. 그러나 한국어에는 성별에 따른 언어적 차이가 무척 두드러진다. 이러한 차이를 생각해 보면서 한국의 문화를 공부하는 것도 무척 흥미로운 일일 것이다.

새 어휘와 표현

- 머물다:【动】停留, 逗留
- 구별: 区别, 区分
- 유교: 儒教
- 이념: 理念
- 강인성: 韧性
- 절제: 节制
- 미덕: 美德
- 고추가 떨어지다: 去势, 不像男人
- 겁을 주다: 吓人
- 과도하다:【形】过度
- 군 복무: 服役
- 과묵하다:【形】沉默寡言
- 내면화하다:【动】内在化
- 유순하다:【形】温柔, 温顺
- 순종: 顺从
- 의존적: 依存的
- 혀 짧은 소리: 可爱的声音
- 유아적 행동: 幼稚的行为
- 보호심을 자극하다: 引起保护欲
- 대중문화계: 大众文化界
- 상업화하다:【动】商业化
- 아이돌 문화: 偶像文化
- 안무: 编舞
- 두드러지다:【形】显著, 明显

한국어에는 남성과 여성을 구별하는 속담이 많이 있습니다. 다음의 속담을 읽고 무슨 뜻인지 생각해 보고 옆의 해석과 짝지어 연결해봅시다.

〈성별에 관한 속담〉

1. 암탉이 울면 집안이 망한다. ○　○ 여자가 한번 마음이 틀어져 미워하거나 원한을 품으면 매섭고 독하다.

2. 여자 셋이 모이면 사발이 깨진다. ○　○ 가정에서 아내가 남편을 대신하여 떠들거나 간섭하면 집안일이 잘 안 된다.

3. 여자가 한을 품으면 오뉴월에도 서리가 내린다. ○　○ 여자가 예뻐야 남자를 잘 만난다.

4. 꽃이 좋아야 나비가 모인다. ○　○ 여자의 운명은 남편에게 매인 것이나 다름없다.

5. 여편네 팔자는 뒤웅박 팔자라. ○　○ 여자가 많이 모이면 말이 많고 떠들썩하다.

〈남자에 관한 속담〉

1. 남자는 하늘 여자는 땅. ○　○ 며느리와 다르게 사위는 소홀히 대할 수 없다.

2. 남자의 속은 넓어야 하고 여자의 속은 고와야 한다. ○　○ 남자들이 부엌에 자주 드나들면 남자답게 되지 못한다.

3. 사내가 바가지로 물을 마시면 수염이 안 난다. ○　○ 남자가 많이 모이면 무슨 일이든 해낼 수 있다.

4. 사위는 백 년 손이요 며느리는 종신 식구라. ○　○ 남편은 밖에서 돈을 벌어 오고 아내는 그것을 잘 모아야 한다.

5. 남편은 두레박 아내는 항아리. ○　○ 남자는 너그러워야 하고 여자의 마음은 예뻐야 한다.

한국 현대시 한 편 읽어볼까요? 다음 시를 읽고 어조(語調)에 대해 생각해 봅시다. 성별에 관한 어떠한 문화적 특징이 나타납니까? 이 시 속 화자의 성별은 무엇일까요? 또 시인의 성별은 무엇일까요?

〈나룻배와 행인〉 (1926)

나는 나룻배,
당신은 행인,

당신은 나를 흙발로 짓밟습니다.
나는 당신을 안고 물을 건너갑니다.
나는 당신을 안으면 깊으나 얕으나 급한 여울이나 건너갑니다.

만일 당신이 아니 오시면 나는 바람을 쐬고 눈비를 맞으며 밤에서
낮까지 당신을 기다리고 있습니다.
당신은 물만 건너면 나를 돌아보지도 않고 가십니다그려.
그러나 당신이 언제든지 오실 줄만은 알아요.
나는 당신을 기다리면서 날마다 날마다 낡아갑니다.

나는 나룻배,
당신은 행인.

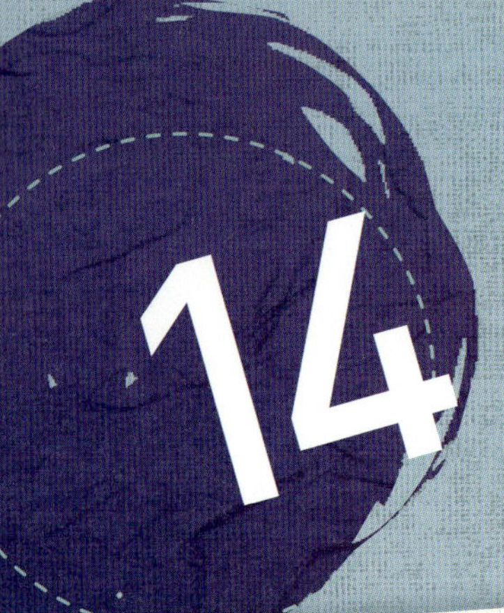

14 눈치가 빨라야 성공하지요

- 한국인의 눈치와 체면 문화에 대해 이해할 수 있다.
- 눈치와 체면과 관련한 예절 문화를 경험한다.

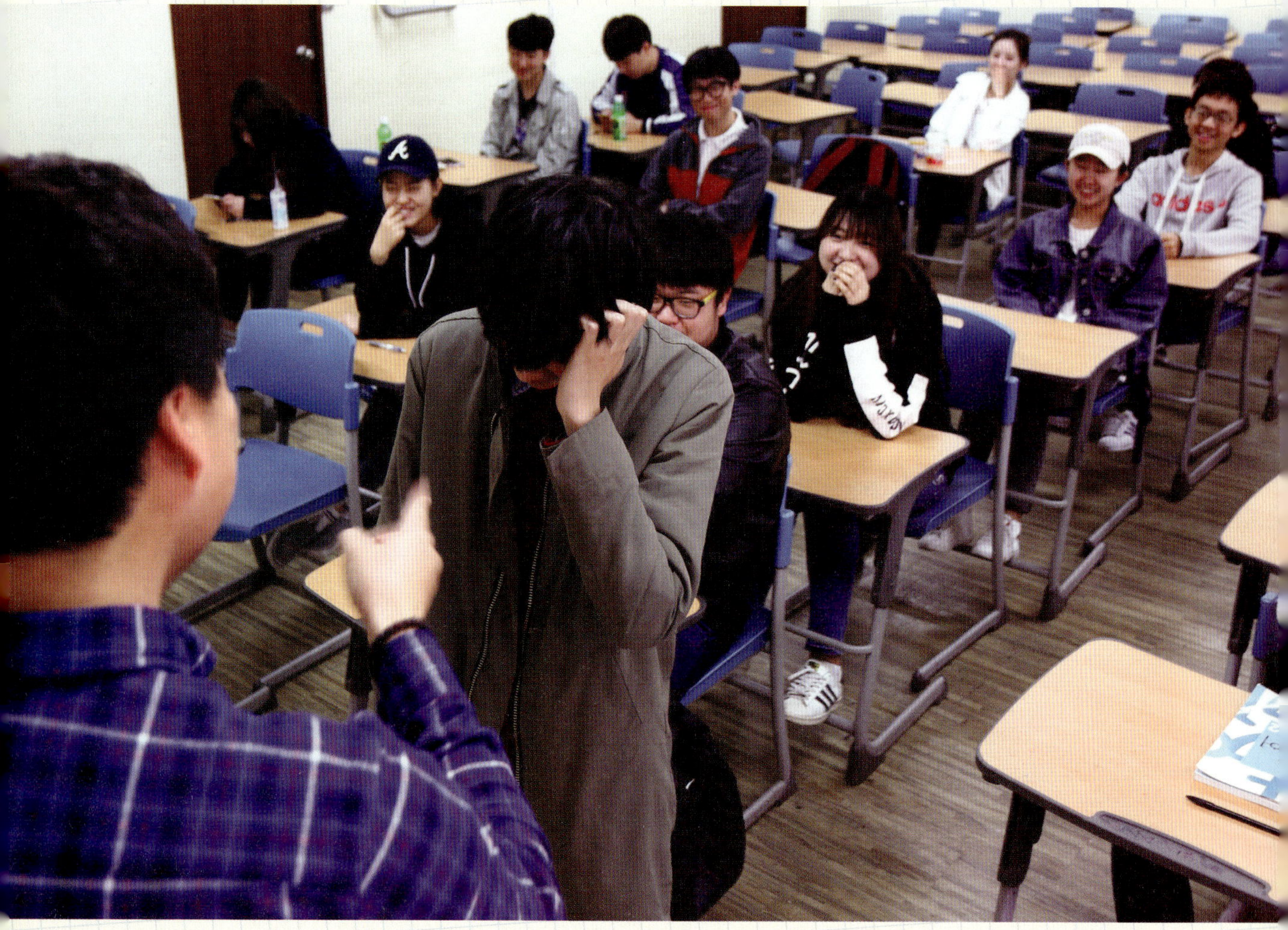

[강의실, 교수님께서 들어오시고 수업이 시작되기 전]

교수: 좋은 아침! 먼저 출석을 부르고 수업을 시작하기로 합시다. 가만, 내 볼펜이 어디 갔지?

효려: 교수님, 볼펜 없으세요? 그럼 제 것을 사용하시고 나중에 돌려주세요.

교수: 아! 고마워. 학생은 센스(sense)가 있군. 이름이 뭐지?

효려: 효려라고 합니다. 중국에서 왔어요.

교수: 기억난다! 지난 주에 제출한 보고서가 참 흥미로웠어. 앞으로 자네 이름을 기억하겠네. 자! 이제 출석을 부릅니다. 다들 조용히 하세요.

[진위가 옆 자리의 민호에게 말한다.]

진위: 형, 봤죠? 교수님들마다 효려 누나를 칭찬하세요.

민호: 효려는 열심히 공부하고 게다가 예쁘기까지 하잖아. 무엇보다도 효려는 눈치가 빨라.

진위: 부러워 죽겠어요. 제 이름을 기억하시는 교수님은 아직 한 분도 안 계신데...

교수: 거기 뒤에 남학생! 지금 출석 부르는 거 안 보여? 왜 그리 눈치가 없이 떠드나! 자네는 이름이 뭐야?

진위: 진위입니다.

교수: 참 센스없는 학생이로군. 앞으로는 주의하게.

[교실의 학생들이 모두 웃는다.]

[효려, 진위, 민호가 함께 식사를 하고 있다.]

효려: 진위야. 왜 그리 풀이 죽어 있니? 밥 먹는데 얼굴 좀 펴.

진위: 아까 교수님께 혼났잖아요. 속상해 죽겠어요.

민호: 진위가 수업 시간에 여러 사람들 앞에서 크게 망신을 당했잖아.

효려: 망신? 그게 무슨 뜻이에요?

민호: 망신이란 문자 그대로 남들 앞에서 몹시 부끄러운 일을 당해서 몸 둘 바를 모르게 되었다는 뜻이야.

효려: 아! 중국어에도 비슷한 표현이 있어요. 무척 창피한 일을 당했을 때 띠우리 엔(丢脸)이라고 말해요.

민호: 한국어에도 그것과 유사한 체면이란 말이 있어. 체면은 남을 대하는 나의 몸과 얼굴이란 뜻이야. '체면을 구겼다' 혹은 '체면이 깎였다'라고 말하기도 해.

진위: 듣고 보니 저는 오늘 망신도 당하고 체면도 구겼네요. 내가 못 살아!

민호·효려: 뭐라고? 하하하…

새 어휘와 표현

- 눈치: 眼力见儿
  - ～가 있다/없다: 有/没有眼力见儿
  - ～가 빠르다: 眼力见儿快
- 센스(sense): 眼色
  - ～가 있다/없다: 有/没有眼色
- 보고서: 报告
- 흥미롭다: 【形】有意思, 有趣

- 부러워 죽겠다: 羡慕死了
- 자네: 你(下待法)
- 체면: 面子
  - ～을 구기다: 出丑
  - ～이 깎였다: 丢了面子
- 풀이 죽다: 沮丧, 无精打采
- 얼굴을 펴다: 展开笑脸

- 속상해 죽겠다: 伤心死了
- 망신을 당하다: 丢脸, 丢人
- 몸 둘 바를 모르다: 无地自容
- 창피하다: 【形】丢人
- 유사하다: 【形】类似, 好像

많은 한국어 학습자들이 한국어의 가장 매력적인 부분으로 경어 체계를 꼽는다. 물론 모든 언어는 나름의 경어 체계를 갖고 있지만 한국어에서처럼 고도로 발달한 경우는 그리 많지 않다. 옛날부터 한국인들은 예의를 갖추어 말하고 늘 공손하게 행동하려고 노력했다. 그래서 이웃 나라의 사람들은 한국을 동방예의지국이라고 불렀다.

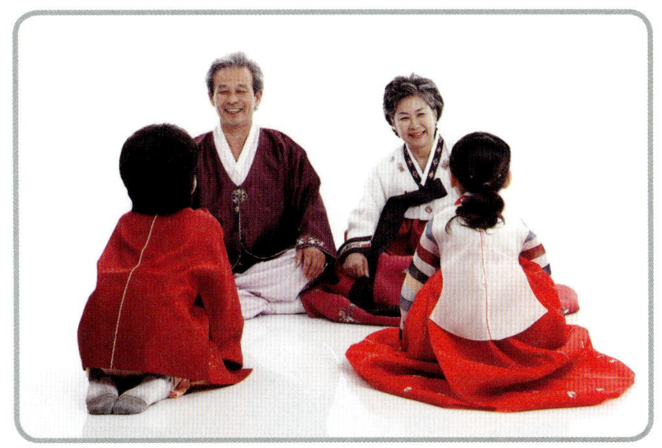

그런데 적지 않은 수의 유학생들이 한국어의 존비어체계에 적응하기가 쉽지 않았다고 말한다. 가령 "밥 먹었어요?"는 가장 일반적인 경어 표현이긴 하지만 교수님이나 선생님께 사용하기에는 적절하지 않다. 이럴 땐 "식사하셨어요?"라고 말해야 한다. 그리고 연세가 많으신 어르신께는 "진지 드셨어요?" 하고 여쭤봐야 한다. 하지만 학교 선배나 직장 상사 혹은 교수님께 "진지 드셨어요?"라고 묻는다면 아마 사람들이 웃을 것이다. 왜 그럴까? 말하는 사람이 듣는 사람의 나이나 직급 등 사회문화적인 서열에 맞는 경어법을 적절히 사용하지 못했기 때문이다.

한편 중국어와 달리 한국어에는 '상대낮춤법'이 있기 때문에 한국인은 처음 보는 사람일지라도 청자가 자신보다 서열상 아래에 있다고 생각되면 말을 편하게 놓는다. 예를 들어 상점에서 물건을 살 때 중년의 사장님이 "지금은 그 물건이 없어." 하고 반말로 대답하는 것을 들어본 사람도 있을 것이다.

어떤 문화학자들은 한국어의 존비어체계가 권위주의 문화의 원인이 되고 있다고 비판한다. 언어에 내재된 서열 체계가 소통 행위를 평등하지 못하게 방해한다고 보는 것이다. 이렇게 본다면, 한국어의 존비어체계는 한국인의 서열문화를 반영한다고 할 수 있다.

최고의 외국어 숙달 단계는 목표어 문화에 대한 완전한 이해를 통해서만 도달할 수 있다고 한다. 올바른 경어 사용법을 익힐 때 한국어 완전정복의 꿈도 멀지 않을 것이다.

눈치와 체면은 윗사람과 아랫사람이 서로 조화를 이루어 살아가기 위한 인간관계 기술입니다. 이와 관련한 상황들을 생각해 보고 어떻게 대응하면 좋을지 생각해 봅시다.

I. 눈치: 남의 마음을 그때그때 상황으로 미루어 알아내는 태도. 주로 아랫사람에게 요구된다.

상황

1. 버스나 지하철에 연세가 많으신 어르신께서 무거운 짐을 들고 서 계신다.

2. 아르바이트 시간이 끝났지만 아직도 해야 할 일이 많이 남았다. 다른 직원들도 아직 퇴근을 못하고 있다.

3. 계속된 요청에도 불구하고 상대방이 명확한 답변을 주지 않고 계속 다른 말을 한다.

II. 체면: 남을 대하기에 떳떳한 도리나 얼굴. 주로 윗사람에게 필요한 덕목이다.

상황

1. 중요한 행사에 초대를 받았다. 어떻게 준비하고 가는 것이 좋을까?

2. 회의를 하고 있는데 누군가 나와 반대되는 의견을 제시했다.

3. 화장실에 다녀오신 교수님의 바지 지퍼가 열린 것을 발견했다. 어떻게 알려드리는 것이 좋을까?

1. 제게는 아름다운 한국인 여자 친구가 있어요. 그녀는 옷도 잘 입고 화장도 잘해서 정말 예뻐요. 어느 날엔가 여자 친구가 "나 요즘 살찐 것 같지?" 하고 물어봤어요. 자세히 살펴보니 최근에는 운동을 안 해서 그런지 약간 살이 찐 것 같아서 "응, 허리에 좀 찐 것 같은데?" 하고 말해 줬어요. 그랬더니 갑자기 화를 내며 집으로 가버렸어요. 그때 이후로 한국 여자에게는 절대로 살찐 것 같다고 말하지 않아요.

〈미국인 유학생 데이브〉

2. 언젠가 친구들과 피자를 먹으러 간 적이 있어요. 조금 비쌌지만 정말 맛있어서 저는 정신없이 먹었어요. 마지막 한 조각이 남았을 때 한국 친구들 중 누구도 먹지 않고 양보하고 있기에 그냥 제가 먹어버렸어요. 나중에 친한 친구가 말해줬는데 한국에서는 마지막 조각이 남았을 때 적어도 두 번은 양보해야 양반 소리를 듣는다고 했어요.

〈캄보디아인 유학생 봇〉

3. 제가 파리에서 왔다고 소개하면 제가 명품을 몇 개나 갖고 있는지 물어보는 친구들이 있어요. 저는 명품이 하나도 없어요. 비싸서 별로 좋아하지도 않고요. 그런데 제 주변에는 사치스러운 명품을 사는 데 돈을 낭비하는 한국 친구들이 있어요. 이유를 물어보니 명품을 사용하면 남들 앞에서 체면이 살기 때문이라고 말했어요. 하지만 왜 남의 시선을 위해서 많은 돈을 써야하는지 저는 잘 이해가 안돼요.

〈프랑스인 유학생 존〉

4. 제가 아르바이트를 하는 회사는 퇴근 시간에 딱 맞춰서 일을 끝내는 사람이 없어요. 다들 한두 시간씩은 더 있다가 가요. 특히 부장님이 늦게까지 회사에 남아계시면 먼저 가는 사람이 없어요. 다들 인터넷을 하거나 컴퓨터 게임을 하면서 부장님께서 퇴근하시기를 기다려요. 왜 그렇게 눈치를 봐야하는지 이해할 수 없어요.

〈중국인 유학생 잉원〉

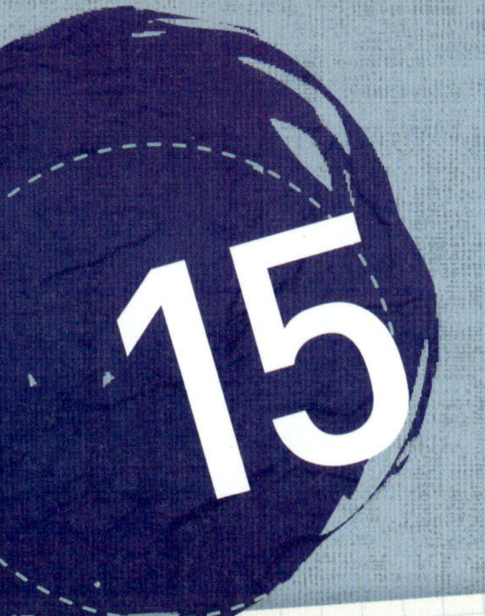

한국에서는 선후배 관계가 중요하다면서요?

- 한국의 연고주의 문화를 이해한다.
- 한국인이 인간관계에서 중요하게 생각하는 것이 무엇인지 생각해 본다.

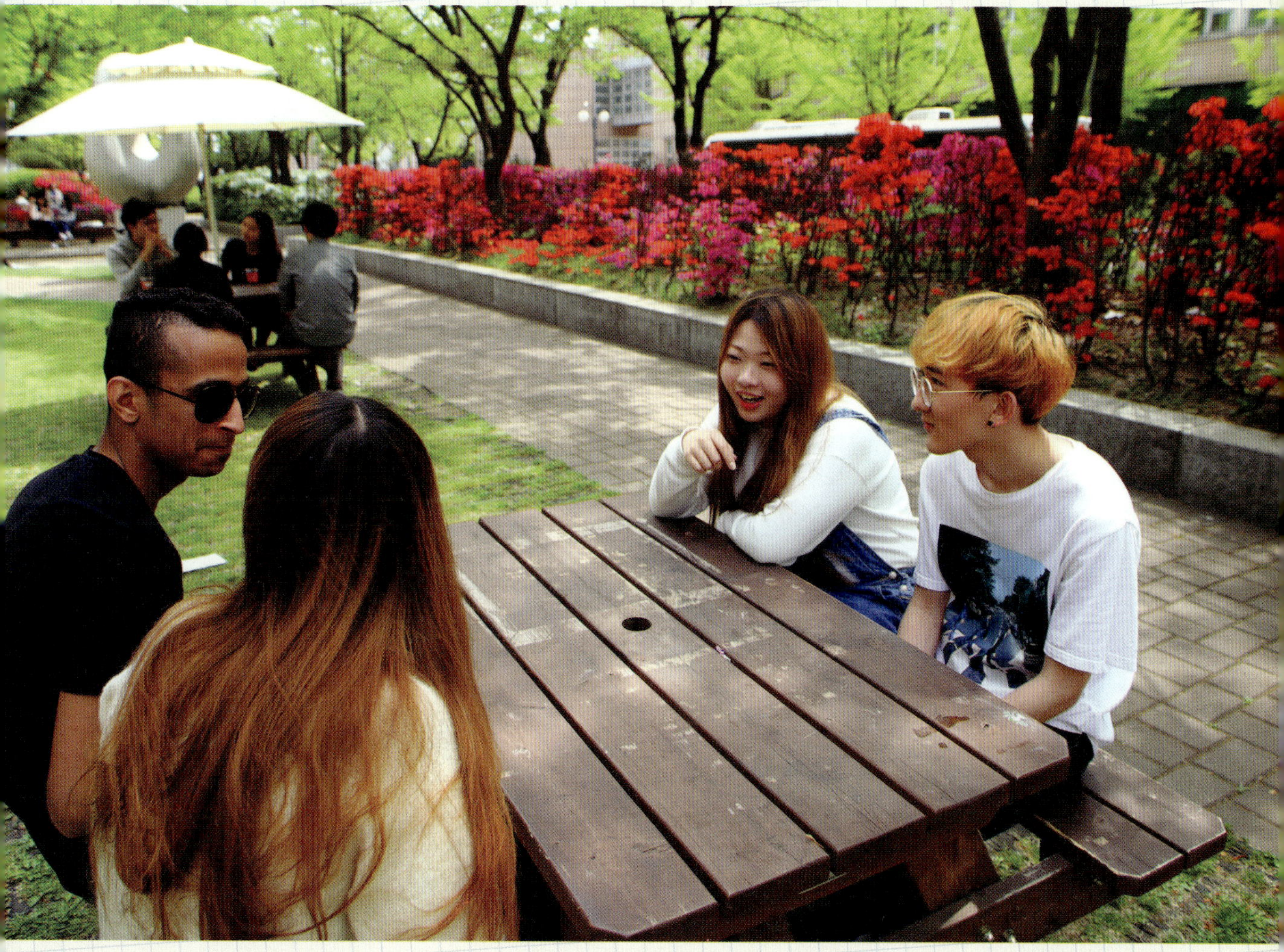

진위: 오늘 제가 아르바이트 하는 회사에 신입사원이 들어왔는데 부장님께서 무척 반가워하시는 거예요. 알고 보니 부장님과 같은 고향 출신인데다가 고등학교 후배래요.

민호: 그럴 만하네. 동향 출신 후배니까 더 특별히 챙겨 주고 싶으셨을 거야.

효려: 한국은 중국처럼 큰 나라도 아닌데 고향 사람이 그렇게 반가워요?

민호: 물론이지. 옛말에 "피는 물보다 진하고 팔은 안으로 굽는다"는 말이 있어. 연고가 있는 사람에게 더욱 정이 간다는 뜻이지. 이렇게 인간관계에서 연고를 중시하는 문화를 '연고주의'라고 해.

진위: 한국인들은 연고가 있는 사람끼리 쉽게 친해질 수 있다고 교수님께 들은 적 있어요.

효려: 연고주의는 중국의 '꽌시'(關係)와 비슷한 점이 많은 것 같네요. 좀 더 설명해 주세요.

민호: 전통 사회에서는 같은 핏줄로 맺어진 '혈연'을 중요하게 생각했어. 족보 문화가 발달해 있고, 친족들이 함께 모여 살아가는 집성촌이 전국적으로 퍼져 있다는 점이 이를 증명하고 있지.

효려: 한국의 가족주의는 세계적으로 유명하잖아요? 드라마도 대부분 친족에 관한 이야기고요.

민호: 한편 1960~80년대 경제 발전기에 대규모 이촌향도 현상이 일어나면서 고향을 떠나 타향에서 살아가는 사람들도 많아졌지. 그래서 출신 지역을 강조하는 '지연'도 중요해졌어.

효려: 객지에서 동향 사람들끼리 똘똘 뭉치기 시작한 거로군요.

민호: 최근에는 같은 학교 출신의 사람들끼리 서로 연고를 맺는 '학연'도 강해지고 있어. 이것은 동문끼리 서로 밀어주고 끌어주는 일종의 집단주의 문화라고 말할 수 있지.

진위: 시대상의 변화에 따라 연고주의 문화도 함께 변해왔네요? 같은 연고를 가진 사람들이 서로 정을 나누며 돕고 사는 건 참 보기 좋아요.

효려: 하지만 내 생각엔 부정적인 점도 있을 것 같아. 연고가 있는 사람들끼리 '파벌'을 만들어 자기 이익만 추구하면 큰일이잖아?

민호: 맞아. 연고주의는 장점도 있지만, 사회의 공정성과 합리성을 저해하는 단점도 있어.

새 어휘와 표현

- 연고주의: 缘故主义, 裙带主义
- 신입사원: 新社员
- 동향: 同乡
- 챙겨주다: 【动】照顾
- 굽는다: 【动】弯曲
- 정이 가다: 有了感情
- 핏줄: 家族血脉
- 맺어지다: 【动】结合, 连在一起
- 혈연: 血缘
- 족보: 族谱
- 친족: 亲属
- 집성촌: 集姓村, 同姓村
- 퍼져있다: 【动】散布
- 이촌향도: 离村向都
- 타향: 他乡
- 지연: 地缘
- 객지: 客地, 异乡
- 똘똘 뭉치다: 【动】紧密团结
- 학연: 学缘
- 동문: 同门
- 시대상: 时代面貌
- 공정성: 公正性
- 합리성: 合理性

여러분은 종친회, 향우회, 동문회, 동창회에 대해 들어 본 적이 있나요? 이들은 모두 한국의 연고주의 문화와 관계가 있어요. 연고주의는 한국인의 인간관계를 설명하는 가장 기본적인 원리이므로 자세히 알아둘 필요가 있어요.

전통 사회는 가부장제 사회였기 때문에 '혈연'이 가장 중요한 인맥의 근거였어요. 오늘날에도 한국 사람들은 성이 같은 사람을 만나면 동본인지 항렬과 계파는 어떻게 되는지 따져봐요. 혹시나 자신의 먼 친척은 아닌지 확인하는 것이지요.

하지만 1960년대부터 시작된 경제발전기 이후 도시화가 진행되고 핵가족화가 심화되면서 혈연의 영향력은 많이 약해졌어요. 혈연 대신 중요한 연고로 부각된 것이 '지연'이에요. 낯선 도시에서 고향 사람들끼리 서로 돕고 살자는 목적으로 많은 향우회가 설립되었어요.

'학연'은 출신 학교를 중심으로 형성되는 인적 네트워크예요. 한국인들은 전통적으로 사제 관계를 중시해 왔기 때문에 학교는 공부하는 공간일 뿐만 아니라 학맥을 만드는 곳이기도 해요. 최근에는 학교가 성공을 위한 '학력자본'을 만드는 곳으로 인식되면서 더 좋은 학연을 만들기 위해 명문대를 선호하는 현상이 나타났어요.

한국문화의 중요한 요소 중 하나인 연고주의를 어떻게 해석하면 좋을까요? 1945년 해

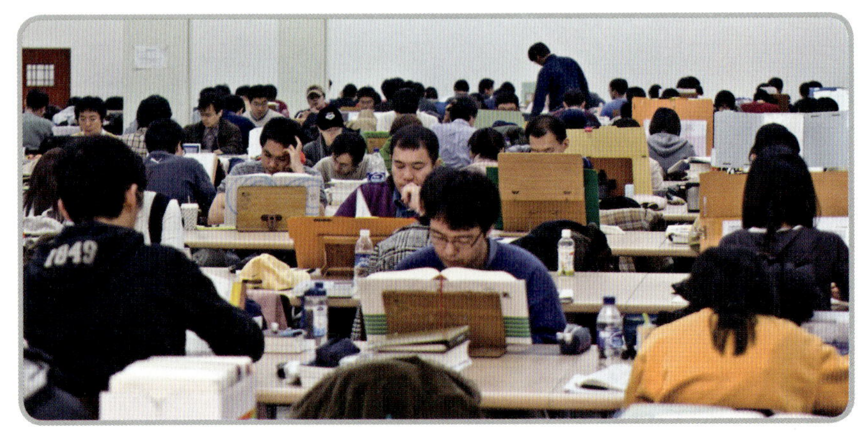

방 이후 급속한 산업화를 겪으면서 전통적 가치는 흔들렸고, 사회적 신뢰의 기준도 찾기 힘들어졌어요. 그러한 문화적 혼란을 극복하기 위해 인간관계에서 연고주의적 요소가 강조된 것으로 보여요. 이런 점에서 혈연, 지연, 학연은 새로운 시대에 맞게 변화된 가족주의 문화로 설명할 수 있어요.

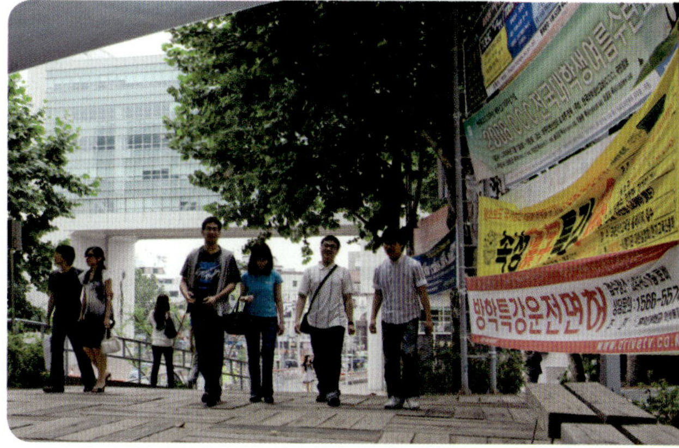

　하지만 연고주의가 정치, 경제의 주도권을 독점하는 파벌문화로 변질되면서 사회에 부정적인 영향을 주는 것도 사실이에요. 개인의 능력보다 배경이나 연줄이 더 중요하다고 생각하는 사람들이 많아지면서 연고주의는 사회 발전을 저해하는 한 원인으로 비판을 받고 있어요.

새 어휘와 표현

- 종친회: 宗亲会
- 향우회: 乡友会
- 동창회: 同学会
- 가부장제 사회: 家父长制社会
- 인맥: 人脉
- 근거: 根据
- 동본: 同籍
- 항렬: 辈分
- 계파: 系派
- 경제발전기: 经济发展期
- 핵가족화 심화: 核心家庭深化
- 부각되다: 【动】凸显

- 설립되다: 【动】设立
- 형성되다: 【动】形成
- 인적 네트워크(network): 人际关系网
- 사제관계: 师生关系
- 학맥: 学脉
- 학력자본: 学历资本
- 인식되다: 【动】认识
- 명문대: 名牌大学
- 선호하다: 【动】偏好
- 요소: 要素
- 해방: 解放 (摆脱日本帝国统治)
- 가치: 价值

- 신뢰: 信赖
- 기준: 标准
- 혼란: 混乱
- 극복: 克服
- 주도권: 主导权, 主动权
- 독점하다: 【动】独占
- 파벌문화: 帮派文化
- 배경: 背景
- 연줄: 关系, 路子
- 비판을 받다: 受批评

1 연고주의와 꽌시의 장점은 무엇이고 단점은 무엇입니까?

2 연고주의와 꽌시의 유사점은 무엇이고 차이점은 무엇입니까?

3 아래의 말들은 어떠한 연고를 강조하고 있습니까?

> - 피는 물보다 진하고 팔은 안으로 굽는다
> - 초록은 동색이요, 가재는 게 편이라
> - 옷은 새 옷이 좋고 사람은 옛 사람이 좋다
> - 우리가 남이가?
> - 밀어주고 끌어주고
> - 사내 가족 여러분
> - 또 하나의 가족

린이팅(가명) 씨는 지난 6년 간 한국의 대학교에서 공부를 했습니다. 지금은 한국에서 교수로 일하고 있습니다. 이팅 씨의 글을 통해 한국 대학의 문화와 회사 생활에 대해 알아봅시다.

안녕하세요. 린이팅이라고 합니다. 여러분께 제 유학 경험과 직장 생활에 관해 들려 드릴 수 있게 되어 무척 기쁘게 생각합니다. 저는 원래 성격이 활발하지 못해서 친구 사귀는 일에 몹시 서투릅니다. 그래서 처음 한국에 왔을 때 유학 생활을 어떻게 해나가야 할지 걱정이 많았습니다. 하지만 대학 생활에서 외로웠던 시간은 별로 없었던 것 같습니다. 학기 초 오리엔테이션을 통해 많은 선배와 동기들을 사귀었기 때문입니다.

한국의 선배들은 후배에게 많은 관심을 갖고 있습니다. 후배들을 마치 동생처럼 생각해주고 어려운 점은 없는지 늘 물어봅니다. 밥은 먹었는지, 주말에는 무엇을 하는지, 공부는 어렵지 않은지, 시험 준비는 어떻게 하고 있는지 계속 물어봅니다. 사실 처음에는 술을 마시러 가자는 선배들이 많아서 좀 부담스러웠고, 혹시 이상한 사람이 아닌가 오해를 한 적도 있습니다. 하지만 곧 그들의 마음이 진심이라는 것을 깨닫게 되었습니다. 그리고 선배들과 정말로 친한 사이가 되었습니다.

직장 생활을 하면서 저는 한국에서 학연이 얼마나 중요한지를 깨달았습니다. 직장 상사나 동료 교사들과 이야기를 할 때 늘 출신 학교에 대한 이야기를 나누게 됩니다. 간혹 동문을 만나게 되면 눈물이 날 정도로 반갑게 느껴졌습니다. 한국의 연고 문화에 대한 오해 중 하나가 바로 명문대 사람들끼리만 학연을 만든다는 생각입니다. 출신 학교가 반드시 명문대일 필요는 없습니다. 학연은 인간관계를 시작하는 작은 공통점일 뿐입니다.

한국에서는 학연으로 이어진 사람들끼리 공동체적 운명을 맺게 되는 것 같습니다. 따라서 나의 실수로 인해 다른 동문들의 명예에 해를 끼칠 수 있다는 점을 기억해야 합니다. 그래서 학연은 장점도 있지만 반대로 족쇄가 될 수도 있습니다.

제 경험이 한국 유학을 준비하는 여러분께 작은 도움이 되었으면 합니다.

-한국에서 린이팅-

16 졸업하고 뭐 할 거예요?

- 졸업 요건에 대해 안다.
- 취업에 필요한 것들에 대해 알아본다.

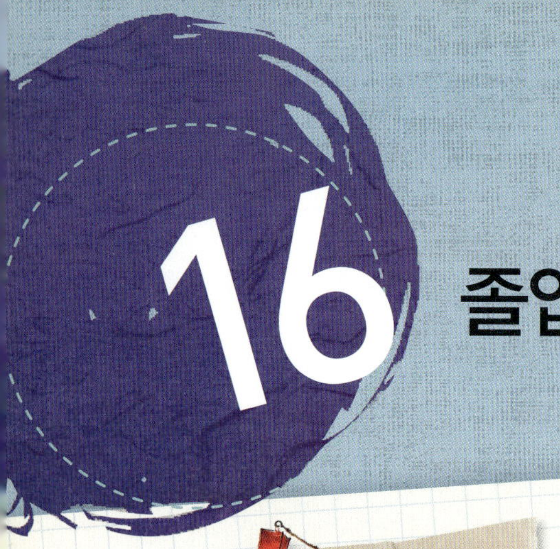

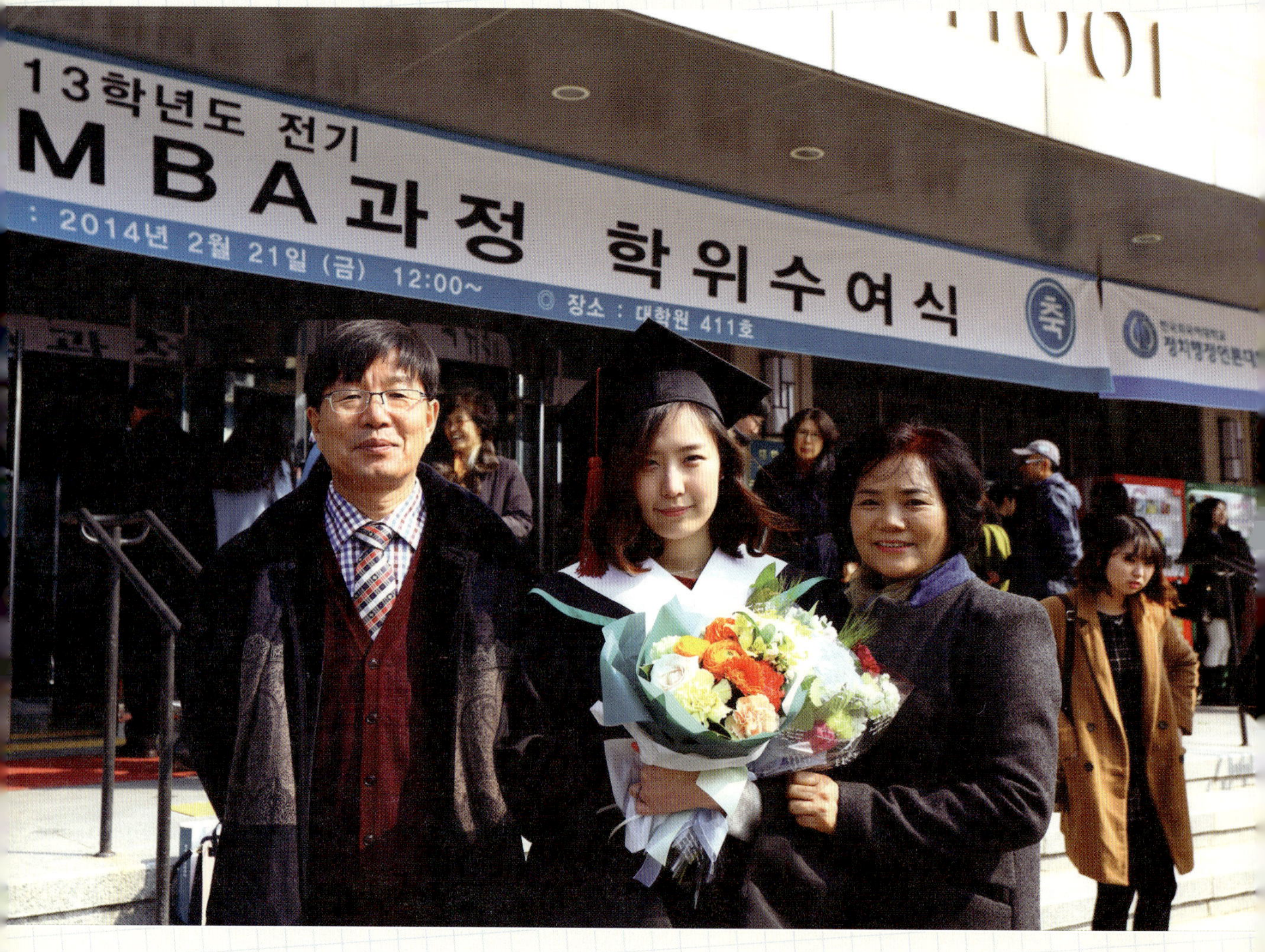

효려: 진위야, 오랜만이다. 학교 생활은 어때? 수업은 잘 듣고 있지?

진위: 글쎄요. 이번 학기에 신청한 학점을 이수할 수 있을지 모르겠어요.

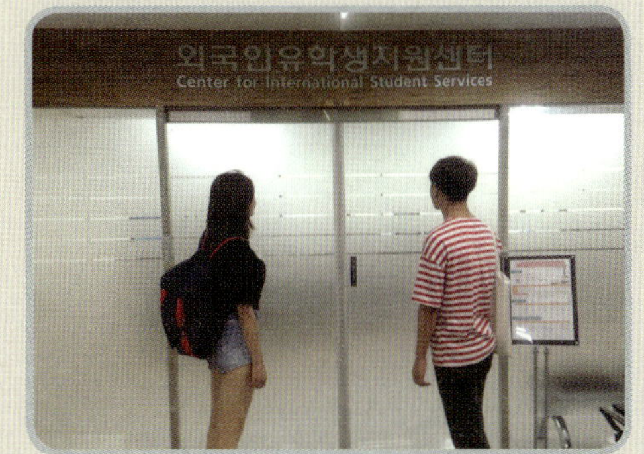

효려: 왜? 너는 항상 열심히 하니까 좋은 결과가 있을 거야.
혹 신청한 학점을 모두 이수하지 못하더라도 걱정하지 마.
다음 학기에 재수강을 하거나 방학 때 계절학기 수업을 듣고 학점을 딸 수도 있어.

진위: 그렇군요. 그래도 이번 학기에 모두 이수할 수 있도록 노력해야지요. 그나저나 전공 필수 과목을 확인하고 싶은데 어떻게 해야 해요?

효려: 그건 학교 홈페이지의 종합정보시스템에서 확인할 수 있어.
그리고 학교마다 다른데, 교학처나 외국인유학생지원센터에 가서 확인할 수도 있어. 마침 내가 졸업 시험에 대해 물어보려고 교학처에 가려던 참이었는데, 같이 갈래?

진위: 네, 좋아요. 무사히 졸업하려면 미리 미리 학점을 관리하는 것이 좋을 것 같아요.

진위: 요즘 민호 선배가 많이 바쁜가 봐요. 통 얼굴을 볼 수가 없네요.

효려: 졸업이 코앞이어서 아마 정신이 없을 거야. 너도 알다시피 요즘 취업하기가 힘들잖아.

진위: 취업을 잘하려면 무엇을 준비해야 해요?

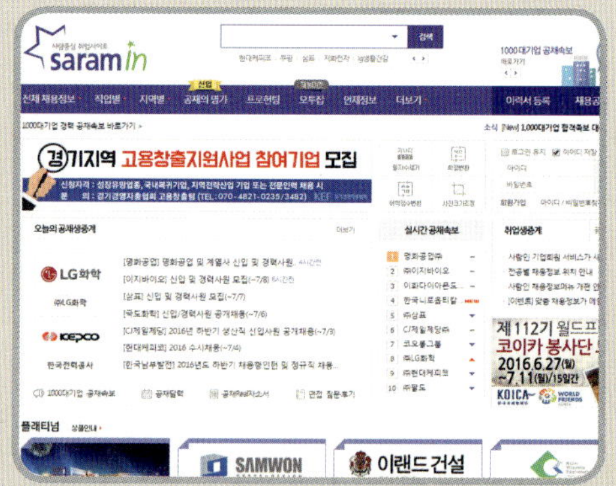

효려: 선배 말에 의하면 학점 관리를 잘해서 장학금을 받는다든가 아르바이트 및 인턴십(internship), 봉사 활동 등 다양한 경험을 하는 것이 중요하다고 하더라고.

진위: 아, 그래서 한국에서 취업하기가 하늘의 별 따기라고 하는군요. 학점은 학점대로 신경 써야 하고, 경험은 경험대로 쌓아야 하니까요. 그런데 한국에서는 어디에서 취업 정보를 알 수 있어요?

효려: 외국인 학생 연합회나 취업 박람회를 통해 정보를 구할 수 있지만 인크루트(incruit), 사람인(saramin), 잡코리아(jobkorea) 등 웹 사이트(web site)에서도 찾을 수 있어.

새 어휘와 표현

- 졸업 요건: 毕业条件
- 학점: 学分
  - ~을 이수하다: 修学分
  - ~을 따다: 取得学分
  - ~을 관리하다: 管理学分
- 재수강: 重修
- 계절학기: 假期学期
- 종합정보시스템: 综合信息系统
- 교학처: 教学处

- 외국인유학생지원센터: 外国人留学生支援中心
- 미리 미리: 【副】事前, 提前
- 통: 【副】完全
- 코앞이다: 近在眼前
- 정신이 없다: 忙的四脚朝天
- 장학금을 받다: 取得奖学金
- 인턴십(internship): 实习
- 하늘의 별 따기: 上天摘星星 (指难得基本没有可能)

- 신경 쓰다: 费心, 劳神
- 경험: 经验
  - ~을 쌓다: 积累经验
- 정보: 信息
  - ~를 알다: 了解信息
  - ~를 구하다: 探寻信息
- 연합회: 联合会
- 박람회: 博览会

졸업을 앞둔 대학생들은 그 어느 때보다 바쁘다. 왜냐하면 좋은 직장에 취업하려면 많은 스펙이 필요하기 때문이다. 취업에 중요한 스펙에는 학점, 경험, 자격증 등이 있다. 여기에서 학점은 전공에 관해 그 수준이 어느 정도인지를 보여주며 경험은 자신이 즐겁게 할 수 있는 일, 자격증은 전공 말고 자신이 잘할 수 있는 일이 무엇인지를 말해주는 것이다.

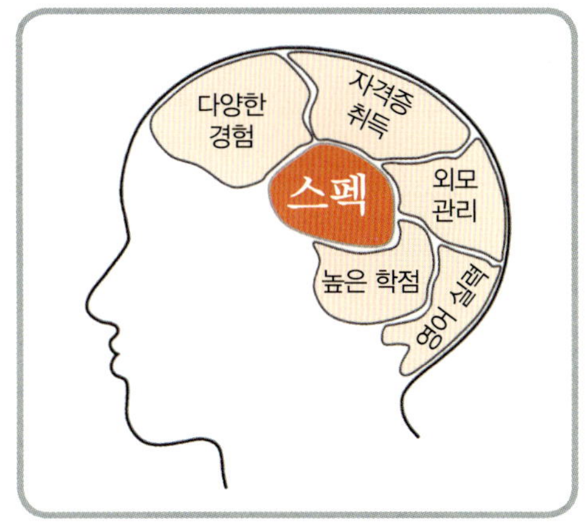

앞에서 말한 학점, 경험, 자격증 외에 영어 실력이 요구되는데, 이는 보통 TOEIC, OPIC 등의 점수로 판단한다. 또한 외모도 중요한데, 특히 면접을 볼 때 단정하다는 인상을 줘야 한다. 그래서 높은 학점, 다양한 경험, 자격증 취득, 외모 관리가 취업을 하기 위한 조건이라고 할 수 있다.

따라서 외국인 학생은 학점 관리를 잘해야 하고 TOPIK과 같은 자격증 취득에도 신경을 써야 하며 인턴십이나 봉사 활동 등 다양한 경험도 쌓아야 한국에서 취업을 할 수 있다. 물론 취업하기 전에 자신의 적성에 맞는 일자리인지를 생각해 보아야 한다. 또한 자신의 적성에 맞는 일을 할 수 있는 회사의 구인 정보를 수시로 체크하여 지원 기간을 놓치지 않도록 해야 한다.

새 어휘와 표현

- spec(specification): 文凭
- 자격증: 资格证
- 수준: 水平
- 판단하다: 【动】判断
- 면접을 보다: 参加面试
- 단정하다: 【形】端庄, 整齐
- 인상을 주다: 留下印象
- 취득: 取得
- 조건: 条件
- 적성에 맞다: 合适 (性格等)
- 일자리: 工作
- 구인 정보: 招聘信息
- 수시로: 【副】随时
- 체크하다: 【动】核对
- 지원: 支援

취업을 하기 위해 필요한 자기소개서에는 무슨 내용이 들어가야 할까요?
[보기]를 보고 자기소개서를 써 보세요.

[보기]

필수 내용	성장과정(학창 시절)
	지원 동기
	교외 활동 및 경험
	성격의 장 · 단점
	입사 후 포부
기타 내용	생활 신조
	특기 사항

〈자기소개서〉

 ## 자기소개서 작성법

자기소개서를 쓸 때 성장 과정, 지원 동기, 교외 활동 및 경험, 성격의 장·단점, 입사 후 포부 등의 내용이 필수적이라고 할 수 있다. 무엇보다 중요한 것은 이 내용이 서로 연관되어 있어야 한다는 점이다. 따라서 이에 대한 작성법에 대해 알아두는 것이 필요하다.

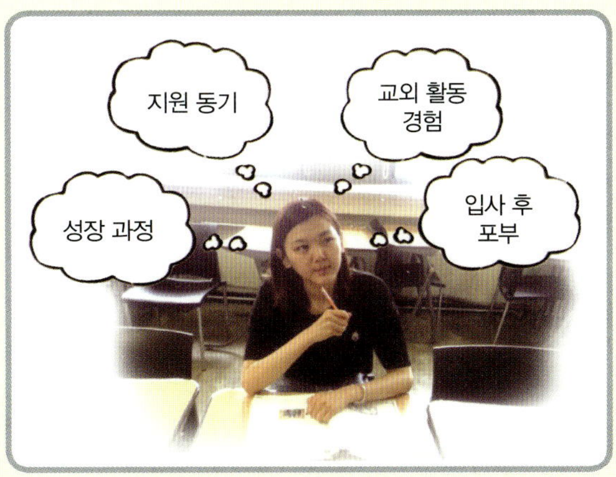

먼저 성장 과정은 지원자의 고향이나 가족 소개 등의 정보가 아닌 지금의 '나'라는 사람이 어떻게 성장해 왔는지를 보여 주어야 한다. 때문에 성장 과정을 성격의 장·단점과 연결 지어 쓸 수밖에 없다. 성격의 장·단점은 지원하는 회사의 모토(MOTO)와 부합해야 하고, 지원하는 분야에 필요한 자질과 관련하여 표현되어야 한다. 물론 성격의 단점은 어떤 노력을 통해 장점으로 바꿀 수 있는지도 써야 한다.

자기소개서에서 가장 중요한 내용은 교외 활동 및 경험, 입사 후 포부라고 할 수 있다. 그런 만큼 이에 대한 내용을 신경 써야 한다. 교외 활동 및 경험, 입사 후 포부는 '열심히 노력하겠다' 등의 추상적인 표현보다는 구체적인 내용을 쓴다. 특히 경험은 지원 동기와 관련하여 지원자가 지금껏 얼마나 노력했는지를 보여 주어야 한다. 구체적인 예를 통해 지원하는 회사를 위해 준비된 사람임을 알려야 한다.

가장 좋은 자기소개서를 쓰기 위해서는 먼저 자신이 지원하는 회사 및 직종에 대한 정보를 잘 알고 있어야 하며, 이에 어울리는 적성을 가진 사람인지를 자기 자신이 파악할 수 있어야 한다. 그런 다음 이를 구체적으로 글로 표현한다면 좋은 결과를 얻을 수 있을 것이다.